重构
绩效管理
——七步激活执行力

Refactoring Performance Management
—Seven Steps to Activate Operational Execution

张友源◎著

经济管理出版社
ECONOMY & MANAGEMENT PUBLISHING HOUSE

图书在版编目（CIP）数据

重构绩效管理——七步激活执行力/张友源著．—北京：经济管理出版社，2019.5
ISBN 978-7-5096-6572-5

Ⅰ.①重… Ⅱ.①张… Ⅲ.①企业绩效—企业管理 Ⅳ.①F272.5

中国版本图书馆 CIP 数据核字（2019）第 081490 号

组稿编辑：乔倩颖
责任编辑：张　艳　乔倩颖
责任印制：黄章平
责任校对：张晓燕

出版发行：经济管理出版社
　　　　　（北京市海淀区北蜂窝 8 号中雅大厦 A 座 11 层　100038）
网　　　址：www. E-mp. com. cn
电　　话：(010) 51915602
印　　刷：北京晨旭印刷厂
经　　销：新华书店
开　　本：720mm×1000mm/16
印　　张：13.75
字　　数：198 千字
版　　次：2019 年 6 月第 1 版　2019 年 6 月第 1 次印刷
书　　号：ISBN 978-7-5096-6572-5
定　　价：49.80 元

自　序

绩效管理的话题，可谓人人重视有加。然而，在实际运作过程中，各级管理人员都存在着不少认识和做法上的误区。

说到绩效管理，马上会有人将它与人力资源绩效管理的职能对应起来，也有人把它与绩效评估等同起来，更有甚者，甚至使它沦为一种"秋后算账"式的管理工具。这些片面的认识与做法在很大程度上破坏了整个组织绩效管理的有效实施。

在实践中，绩效管理活动的模式有很多，这些活动都对绩效的促进起到了一定的作用，但也大多存在着潜在的瓶颈问题。各种问题的存在，使得重构绩效管理越来越迫切。

绩效管理的最终目的究竟是什么呢？其真正的目的是追求组织期望的绩效，实现预期的结果。

如果试着把我们对绩效管理的预期分解开来表述，那么可以说，我们想要绩效管理起到如下作用：第一，促进期望绩效的有效实现；第二，知道如何巩固期待的绩效；第三，明白怎样有针对性地改进绩效。

为了达到上述目的，建立绩效管理的长效机制，我们自然要做许多的工作，这个过程也会给我们带来不少意想不到的收获，并发现其中许多积极因素。如何有效发挥这些积极因素？怎样完善绩效管理的工作内容？应该把哪些方面的工作作为重点来抓？凡此种种的一系列问题，都需要我们耐心地去思考和解答，继而付诸实践。

没有评估就没有管理，绩效管理也不例外。要对绩效进行评估，就必须有绩效标准。把绩效结果与绩效标准进行比较分析，才能知道哪些是要坚持和巩固的，哪些是要加以改进的。在一个较长的绩效管理周期内，还应当对里程碑式的过程结果及时评估与反馈，以便提醒相关管理人员及时实施有效的改进，避免一个绩效周期结束时才去"死后验尸"，造成只能接受不能改变的局面，或者让负责人无辜被"秋后算账"。

概括来说，绩效管理的内容符合 PDCA 管理循环的原理，即：绩效计划—绩效执行—绩效评价—绩效改进。

绩效从何而来？不可能靠制定一套标准、实施一项评价就可以从天上掉下来。只有执行才有绩效，无论是组织层面、团队层面还是个人层面都是如此。如果没有产生绩效，就绝不存在绩效改进的问题。因此，要做好绩效管理工作，绩效执行是一个永远回避不了的课题。执行要按照一定的绩效计划实施，实施结果还要进行评估，这样才能知道是否达到了预期。

那么，怎样去执行才能实现期望的绩效呢？个人执行、团队执行和组织执行都需要讲究一定的方法。组织执行的措施与方法更讲究，其复杂程度不言而喻，必须有一套简明且操作性很强的流程。

七步激活执行力模型，就是对重构绩效管理方式的一种尝试。这个模型提倡将执行力与绩效作为组织的一项职能来加以管理，就如同对战略、营销、质量、生产、财务、人力资源及风险的管理一样。实践证明，它在促进绩效的有效达成、实现绩效管理真正目的方面都是切实可行的。

本书是我三十多年实践经验的总结，包含了诸多理论学习和实际操作的感悟。借助国内外成功的实践案例和管理智慧，我提出了"目标—流程—协作—组织—考核—制度—落实"一整套执行措施与方法，并创立了"执行活动冰山原理"的思想体系。

本书能够及时与读者见面，我要感谢曾照华先生的统筹和陈雪女士的卓越协调，更要感谢我家人的理解，尤其深谢我的太太熊雪英女士对我生活上的照顾！

张友源
2019 年 1 月 28 日

前 言

写在"七步激活执行力"之前

(一)

各种组织当中都有一些中流砥柱式的管理者，他们负责制定目标和策略，并督促实施。他们内心深处最希望拥有的东西之一，就是简明实用、理论深刻的管理学操作手册。这种读物不但融会世界上最前沿的管理智慧，还应当能够马上应用于日常的管理事务当中，为他们指引明晰的方向，提供具体的原则，以便充分组织他们手上的资源，同时还要达到一定的目标，令其所在组织在行动的同时自我进化，从确立富有价值的目标开始，一步步打造流程，组织团队或群体，疏通组织的脉络，建设完美的价值链，在关键点设置考核装置，把验证为有效的方法固化为制度，最终激活组织中一切执行的力量完成目标任务，实现用户和自身的最大价值。作为长期坚守在管理实践和管理培训与咨询岗位上的一名管理咨询人员，笔者对此种心情和想法感同身受，了解颇深。

为了开发这个操作手册，多年来笔者一直努力思考一个简明的流程模型，并不断走访于各种组织之间，与第一线中高层运营者一同奋力实践，如今终于初见成效，这就是您手上这本小书，它将要呈现的"七步激活执行力"模型，包含了来自国内外管理学家和实践高手们的管理智慧。

本书涉及如下四大模型：目标导向的执行力激活模型、执行活动的冰山模型、执行力提升的五重方法模型以及七步激活执行力模型。

目标导向的执行力激活模型对本书所指的执行力激活要素和执行基石，以及目标导向的概念进行了定义；执行活动的冰山模型定义了执行的基本原理；执行力提升的五重方法模型定义了执行力提升的方法与策略；七步激活执行力模型将前三个模型定义的概念、原理、策略与方法融入到具体的工作流程中，主要用于指导中高层管理者有效开展工作。

本书讲述的重点是七步激活执行力模型，因为它能够直接指导中高层管理者开展执行工作。其他几个模型都是帮助读者更有效地认知执行的原理，增强实施"七步激活执行力模型"的自觉性和自信心。

（二）

什么是目标导向的执行力？

设想以下这样几种场景：

（1）某政府部门决定拆除所辖片区的违章建筑。

（2）某银行决定将现有全部 ATM 磁卡设备都换成 IC 卡设备。

（3）麦当劳决定在中国地区研发并推出自动点餐机。

（4）苹果公司决定设计并推出一款全新概念的智能手机。

以上几项是不同组织各自制定的阶段目标，这些目标往往需要一定的竞争策略和相应的措施来支持完成，其共同点是每一个目标都不是依靠个人或小群体能够完成的，从目标的论证到最后的落实完成，其在策略、流程、团队协同、组织配合、考核激励、制度规范等方面都需要组织或团队付出巨大的努力，将各方力量凝聚成为有效的合力，也就是要形成一种上下协调一致的执行力。这种执行力要求整个组织或团队系统协同运作共同指向目标的实现，因此是一种全系统执行力，这就是目标导向的执行力。

"执行力"已经是一个多年的老话题了。笔者之所以在本书中仍然沿用这个热词，主要是出于人们对它的钟爱。通常人们所理解的"执行力"，偏重于"执行"这个词的原意，是对某项任务、指令或原则"贯彻实施、履行并完成"的能力。许多执行力方面的书籍，甚至把这样的解释推到极致，强调"无条件执行""执行不需要思考"等,这解释了各种组织中一种有意思的现象:一半以上的领导人愿意看到他们的下属成为毫无思考能力、只知道接受命令、缺乏主观能动性、对执行结果无能为力的人,并希望下属只是活生生的执行工具。

然而,本书"执行力"一词所指的并不是人们通常所理解的"服从并无理由地努力执行"之意,而是强调思考和洞察的管理执行力。"无理由执行"不应该作为管理者排在第一位的素质要求。思考能力,即看到问题本质的洞察力,是对管理者更重要的素质要求。我们在这里所讨论的执行力,其实就是运营领导力,是一种管理能力,是那种当组织必须从传统管理走向现代管理时所需要的引领和实施能力,它本质上是一种组织执行力,是站在组织层面来操作策略与方法时的执行力,更具体地说就是以目标为导向的执行力,是达成业绩实现目标的能力。

显然,这种执行力所描述的"执行",并不是指组织的中高层管理者在接到一个具体指令之后去贯彻执行,因为那个要实现的目标有时不仅是上级下达的,还可能原本就是这些中高层管理者自己定下来的。我们所讲的"执行力"是一种"全系统执行力",是站在组织之巅的中高层管理者为达成目标而从工作系统、组织系统和激励系统中激发出来的执行力。这一复杂过程的执行者是组织系统内相关人员的全体,中高层管理者在其间的任务,只是通过某种方法或步骤把这种执行力从组织中全面地激发出来而已。执行力之源始于目标确立、责权利匹配和系统设计与植入,并将其贯彻到组织全系统,是一种自上而下的执行力。

在当今飞速发展的社会环境下,各种组织都迫切需要激发出这样的系统性执行力。

(三)

为组织制定并负责落实一个目标,真正是一场冒险之旅。这个过程的风险当然由组织来承受,但风险的直接承受者仍是组织的中高层管理人员。

由于本书的目标读者正是这些"探险家"，所以笔者在这里界定一下这些中高层管理者的特征。概括地说就是在组织中，高层管理者对整个组织负责，中层管理者对整个团队负责。具体地说，中高层管理者的特征大概有以下三个：

（1）他们要针对组织或团队以外的服务对象考虑问题，负责或参与制定组织或团队的目标。

（2）他们对组织或团队层面的运营负有战略意义上的责任。

（3）他们是管理意义上的中高层，而不是政治或行政意义上的中高层。例如，他们或者是"一把手"或"副手"，或者是直接向"一把手"或"副手"报告工作并负责的管理者。

第一点主要是说一个组织一定是把通过为服务对象创造价值，从而给自己带来价值视为成功。组织是社会的一种器官，必须能为外部环境做出自己的贡献才算成功。团队也一样，它是组织的器官，必须为组织做出贡献。组织或团队中负责制定目标的管理人员是面向外部世界的，因此他们总是针对外部的服务对象的需求来制定自己的奋斗目标。团队与组织的不同在于，团队的外部客户更可能是组织内部的其他成员。

第二点是说中高层管理者是负责运营的管理人员，其管理准则之一就是不能事无巨细，多数情况下不能亲临现场，因为他们的管理是通过组织中的系统完成的。中高层管理者是关心组织竞争策略和系统设计的管理者，在组织中往往拥有更广阔的视野，出于对所处行业和竞争对手的理解，制定并形成了自己组织的竞争策略与执行系统。这个层面的管理者在制定目标时，最重要的衡量标准之一就是竞争策略以及执行系统对目标的有效性。那些市面上颇为流行的执行力书籍，对这样的管理者而言毫无用处，因为他们的主要责任不是去执行一项或多项具体的指令，而是站在管理者的角度，围绕一个或多个目标去想方设法达成业绩并实现目标。

第三点是说在一个组织的管理层中，负责制定目标的中坚力量主要是中高层。在中高层管理人员中，高层管理人员为组织制定目标，中层管理人员是组织目标的制定参与者和执行者，同时又是团队目标的制定者。

这本书是写给所有组织的中高层管理者看的，而不仅是给企业的管理者看。因为七步执行力的每一步，几乎都是针对所有组织的中高层管理者，只有他们才能在组织中触摸到七步执行力的每一步。

本书主要是站在组织层面的高度来讨论执行力问题。同时，本书所涉及的方法在团队层面也同样适用。随着世界范围内各种组织越来越扁平化，本书的内容也会越来越适用于团队。

组织与团队在运行机制上有其相似性。例如，组织的管理者重视团队的协作，团队的管理者重视各岗位的协作。因此，本书中的策略与方法同时适用于组织和团队两个层面。凡在组织中处在中层以上职位的管理人员，都是本书的读者。那些强调无条件服从命令，只对命令本身负责，而不对结果负责的人，就不是本书的真正读者。所有组织结构扁平化的创新型组织或团队，其成员都是本书的最佳读者，因为本书的内容非常适合这些热心于创新目标的人。

（四）

众所周知，在如今这个巨变的时代，中高层管理人员有许多苦恼。管理者几乎随时随地都要面对工作上的变化，而且变化的时间表各不相同。在管理组织的工作过程中，我们能轻易罗列出一张中高层管理者的苦恼清单，例如：

（1）大公司管理者不知如何使组织避免成为濒临灭绝的"物种"。

（2）不知如何制定目标和战略以适应新的发展模式。

（3）在消灭了传统等级制度的工作环境中不知如何发挥组织的效能。

（4）不知如何组织知识工作者和信息化新人类协同工作。

（5）为适应社会和商业环境的快速变化，中高层管理者被迫不断设定并推动实现新的目标。

（6）为达到目标，中高层管理者要持续地更新和改进自己的管理理念，更新知识。然而他们既缺乏用于自我更新的时间，又找不到真正实用的管理学读物。

（7）为避免组织僵化、政策过时、职能机构失于敏捷、竞争优势不再、产品过时等原因造成的危害，中高层管理者不知如何改造旧有组织形态以适应新环境。也就是说，他们在组织扁平化的趋势当中不知如何做好准备。

（8）缺乏必不可少的现代管理专项能力，如目标管理、流程和价值链再造等。

（9）明知有很多工作需要去做，但并不明确做的顺序。

（10）……

显然，这张苦恼清单还可以列得更长，总结起来就是，如何在巨变的环境下采取行动，卓有成效地追求价值。

（五）

有苦恼就有需求。中高层管理者在组织中是具有一定的资源调配权限的人，他们需要一个综合性的模型来解决问题。这个模型既能实现管理能力方面的进化，手头的实际工作又不会因此停顿，执行的过程中还要内心清明，知道先干什么后干什么。他们需要获得一个完善而简捷的工具，在完成工作目标的同时，还能提升能力、打造团队、改造组织。

本书的七步激活执行力模型，正是为达到上述目的而研发的。

（六）

在介绍七步激活执行力模型之前，我们先简略地回顾和分析一下各组织中面向目标的执行过程。

传统的执行思路是大众最容易理解的行事方式，包括三个方面，即目标、计划、实施，其执行过程如图 0-1 所示。

这种执行思路非常直观，也非常适用于简单目标的实现，例如日常生活中的小目标都可以遵从这个思路，所以非常深入人心。如此，由这样的思路

图 0-1　传统的执行思路

衍生出组织内部的执行活动范式就很自然了，如图 0-2 所示。

图 0-2　组织内部的执行活动

　　然而，世界上之所以存在组织，是因为人类的许多目标其实现过程异常复杂，无法依靠个人或简单的群体去实现，必须通过组织来整合各种各样的资源，形成有效的执行合力，通过复杂的系统来完成上面的过程，如图 0-3 所示。

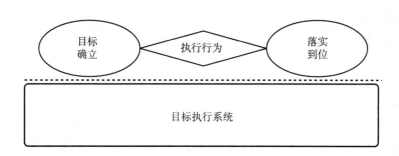

图 0-3　执行活动需要系统辅助落实

　　系统的好处在于系统中的人或团队会被系统塑造、约束和推动，从而实现对执行者行为的规制。负责实现目标的执行系统起到同样的作用，它在执行活动展开之前就已经被设置好了，运行起来之后将使执行活动规范化，它规范人们的行动。人们一般看不到系统的显性作用，就像人们看不到海面以下的冰山一样。

执行系统由三个子系统构成，分别是工作系统、组织系统和激励系统。因此，上面的执行原理图就变成了图0-4的样子：

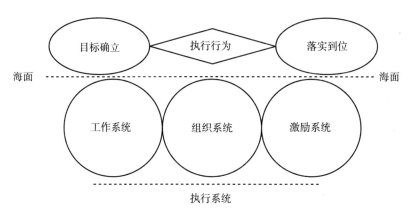

图0-4 组织内系统化的执行模型

如图0-4所示，原本明了的执行思路通过复杂的系统完成，大部分人只看到了一个组织去完成它的目标，只在脑中以惯常的思维去理解它的执行过程，其理解方式无非仍是套用"目标—计划—实施"或"目标—执行—落实"的模式，在他们的理解中，并没有添加"系统"这个东西。

由图0-4可知，人们只看到了冰山露出海面的部分，能够在执行现场看得到的只是目标、执行和结果，许多执行的过程复杂而神秘，因为现场看不到执行过程中系统的作用，没有把个人的行为放到某个系统中去考察，也就没有看到海面以下更大的冰山，没有看到支持执行力的三个系统。我们可以把这种在执行过程中存在的、显性和隐性作用的现象称为"执行活动的冰山原理"。"执行活动的冰山原理"认为，中高层管理者在面对目标时，必须采取系统化的思维方式，把人们推进到系统之中去，而不能只看到冰山在水面上方的部分，只思考水面上的东西。

（七）

此时事情还远远没有结束。上述的三个系统又各自拥有自己的内部因子，例如工作系统包括流程和协作两部分；组织系统内部涉及复杂的组织方式；激励系统包括考核和制度两方面。这些系统中的东西是执行中不能再简化的要素，因此图 0-4 又变成了图 0-5 的样子。

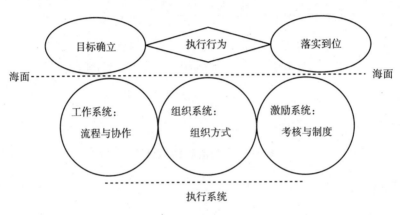

图 0-5　执行与系统要素的关系

（八）

事情仍然没有结束。下一个问题是：如何把冰山上面的执行过程融化到执行系统当中去？

在回答这个问题之前，我们先简单说一下目标。目标代表了组织的预期，它既是外部客户价值的实现，同时也是组织价值的实现。因此它的第一要素就是价值，也即利益。

任何组织的目标都是为了获得利益，这种利益可能是心理上的，更可能是实体上的。推动组织中的人们行动起来去完成目标的是责任，履行责任的同时就需要能够与责任相匹配的权力。因此，责任、权力和利益是支撑目标的基石，是完成目标必须要夯实的基础，三者放在一起就是我们耳熟能详的"责权利"。中高层管理者通过把责、权、利匹配到执行系统中的方式，把图0-5的冰山上下连在了一起，如图0-6所示。

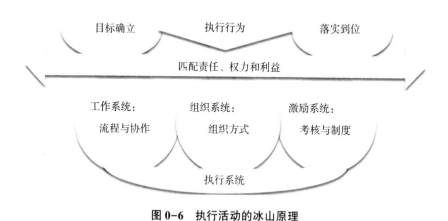

图 0-6　执行活动的冰山原理

（九）

理解了图0-6的原理，就有助于我们理解每个组织系统化的执行方式，使执行活动在系统的推动下运行。

然而，在具体行动开始的时候，我们会感觉图0-6中的系统实在有些复杂，其中对象繁多，不知从哪里下手，到哪里结束。在办理复杂的事情时，我们都需要一个明确的路线图，以便肯定地知道先干什么、再干什么，最后要干什么。

笔者所开发的"七步激活执行力"模型，正是这种明确的路线图。

（十）

从图0-6中可知，这七个要素中，有两个属于"冰山"露出水面的部分，其他属于冰山下不易看到的部分。

　　我们先从图 0-6 中抽取出七个不可或缺的要素，它们分别是：目标、流程、协作、组织、考核、制度、落实。这七个要素中有五个属于执行系统，这使我们可以有序地把执行的活动规范到系统之中，享受系统的好处，提高执行的效率。

　　七步激活执行力模型要告诉你的是，实现目标的过程是以上七个要素依次激活的过程。在此过程中，各要素之间有着不可动摇的先后执行顺序，因此执行过程分成了脚踏实地的七个步骤，简称为"七步"，这就是这个模型称为"七步激活执行力模型"的原因。

　　七步激活执行力的执行顺序依次是：目标—流程—协作—组织—考核—制度—落实，如图 0-7 所示。

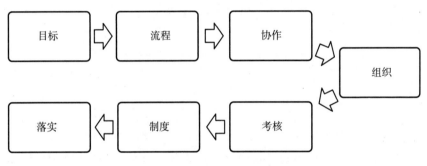

图 0-7　七步激活执行力的执行顺序

　　这种"顺序激活执行力要素"的工作流程，把组织内部落实目标的复杂过程极大地简化了。从此，组织中的执行系统就不再像一个看得到但操作困难的"黑匣子"了，传统组织那种热情、盲目、不系统的执行模式，也终于走上了现代管理的道路。

　　这样一来，我们只要知道执行力七个要素的内容要求，知道了执行到每一步时应该干什么样的事情，那种担忧无法把事情办成的焦虑心情就会平静多了。

（十一）

为了强调"目标"和"责权利"三者在七步激活执行力模型中的核心作用，我们有必要考察一下"目标导向的执行力激活模型"，如图0-8所示。

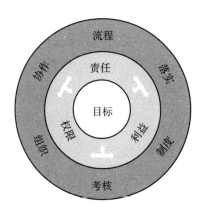

图0-8　目标导向的执行力激活模型

图0-8这个模型图既强调了目标在执行过程中的核心导向作用，又用外围的系统包裹了这个核心，中间还用"责权利"连接了内外，既表现了激活执行力的七个要素，也表明了它们之间的关系，容易人们记忆和理解。这是本书内容的目标导向概念性图解。因此，知道了七步中每一步的原理和方法之后，您已经迈进了现代管理的大门。

（十二）

下面说说"七步激活执行力"的范围。

七步激活执行力模型面向管理实务，所针对的目标是组织的中短期目标，也就是遵循SMART原则制定的目标。那种长期的、模糊的使命与愿景式目标不在此列。

一个组织制定的任何目标，都与该组织的竞争战略有关。竞争战略是一个庞大的话题，本书不予展开讨论，因为本书所讲的"执行力"指的是运营层面的领导力，不是战略层面的领导力。笔者在本书中做了这样的假设，即本书的读者在实际工作当中制定目标时，已经充分理解了本组织的竞争战略，同时注意到了目标与竞争战略的统一。

通常人们还把"竞争战略"称为"竞争策略"，其首先关心的就是目标的竞争定位。竞争定位错误的目标，哪怕执行措施再好也可能达不到预期，因为也许会因为目标没有竞争优势而无法实现，也许会在实现目标之后得不到用户最终的认可。虽然本书不会在竞争定位问题上展开，但竞争定位与七步激活执行力模型中第一步的"目标确立"息息相关，这决定了组织或团队的目标是否能够实现。本书的写作基于这样一个假设的基础前提：读者在根据相关的方法设定目标时，已经充分注意到了竞争定位的重要性。

作为组织的中高层管理人员，读者一定对竞争定位的三个步骤并不陌生，如图 0-9 所示。

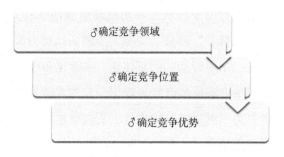

图 0-9　竞争定位的"三确"原则步骤

只有在考虑了目标的竞争领域、竞争位置和竞争优势之后，我们才对即将确立的目标有了最基本的把握和认识。

（十三）

有了目标，注意了目标的竞争定位，匹配了"责权利"，构建了执行系统，再落实目标的执行，照这个思路明确下来，我们就可以建立一个简单明了的战略性思考模型，或表达为"执行力提升的五重方法"，即：

SMART 目标—竞争定位—奠定基石—构建系统—采取行动。

为了更加清楚地理解这一模型，即"执行力提升的五重方法"模型，我们用图 0-10 表示。

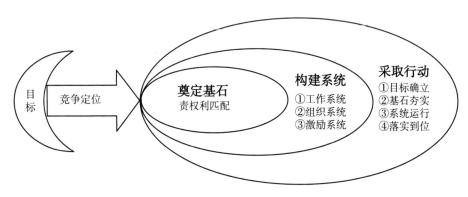

图 0-10　执行力提升的五重方法模型

上面的五重方法，有助于您从另一角度理解激活执行力的策略与方法。这个模型里面的"采取行动"部分，正是七步激活执行力模型的内容，七步激活执行力模型是对"采取行动"的具体化、步骤化和程序化。

执行力提升的五重方法模型已经显现出一定的步骤和程序性，但仍然缺乏可操作性。因此，为了更强的可操作性，更有效地指导具体工作，七步激活执行力模型也就呼之欲出了，它是一种必须提出来且重点加以研究的模型。

（十四）

接下来，就让我们踏上"七步激活执行力"之旅吧！

目录

第一步

让目标清晰起来：目标确立的激活

将无法实现之事付诸实现，正是非凡毅力的真正标志。

——茨威格

（一）进入冒险之旅：目标确立方法总述

假设由于某种原因，例如你的组织必须对质量进行改进，或必须提供新的产品或服务，或要对一项发生了变化的服务或产品需求采取措施，或要对当前不满意的绩效进行改善，或需要应对竞争对手通过使用新流程而获利等，总而言之，一些原因促使你的组织必须对当前的状况进行优化改造，为此，组织正在设立新的目标。现在，决策已经完成，新的目标已经设立完毕。该目标能否实现，将对组织的业务产生重大的影响，而你的任务就是负责去实现这个目标。

任务之所以落到你的身上，是因为你处于组织结构中合适的运营管理职位，拥有相应的能力和权限。然而任务绝不是简单的，在最终落实并实施之前可能有两大问题需要解决。问题一：宏观上实现目标所需要的组织基础架构可能与组织现有的基础架构之间存在着差距，因而对实现目标的支持力不足。问题二：微观上你要先为实现目标打造好流程，并为流程配备团队。

首先，从宏观上看，如果组织的基础架构已经落后，表明你实现目标的过程中必须对组织方式、控制系统、制度甚至文化加以调整、优化和管理，否则，实现目标的运营流程将受制于这些基础架构因素。

其次，从微观上看，你需要为实现目标打造流程并配备团队，否则，目标将因为无法实际操作运营而成为一种"虚幻"。

正是因为在实现目标的路途上存在以上两大问题，所以我们才说要实现这一目标总共需要七步，即目标确立、流程确认、团队协作、调整组织方式、优化控制系统（绩效考核系统）、制度和文化管理、全面落实到位。如图1-1所示。

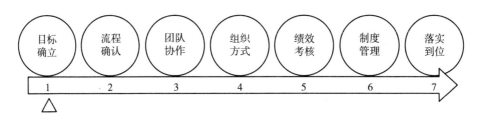

图1-1　第一步，目标确立

本章讨论目标的确立，其内容有三部分，分别是解剖目标、界定责权利和表达目标（用一句话加以表达）。要理解为什么需要这三步，我们需要先简单了解一下实现目标的流程。

流程属于组织的运营系统。运营系统的重要性想必读者已经清楚：竞争不只是产品和市场的竞争，更是组织基础架构的竞争，甚至是组织基本框架的竞争。这里的基本框架指的是组织的资源、运营系统、管理系统和文化四大构建模块，其中运营系统和管理系统简称为基础架构。组织的有效运行离不开对基础性日常运营的良好管理，这包括会计、订单管理、回收款项、营销、人员招聘和培训、销售、研发、生产（或服务提供）、信息系统、运输及其他相关系统等。因此，优化和完善组织的运营系统是一件必须且艰巨的工作，将实现创新目标的新流程添加进去更是一项麻烦的工程，对此我们举一个简单的例子如下：

　　ABC 网站是 ABC 公司为年轻人打造的文化社区，人们可以在网站上发表自制或其他原创性视频。在网站运营的最初两年里并没有涉及广告业务，但随着关注度的增大，管理层决定新增视频广告业务以满足商业用户的需要。此前，网站的业务流程如图 1-2 所示：

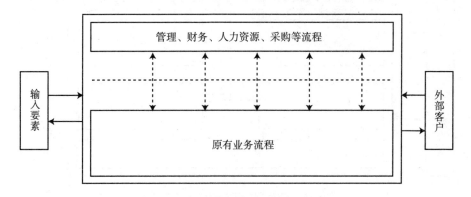

图 1-2　ABC 网站原有业务流程

　　图 1-2 从两个层面给出了网站的原有业务流程。中间的大方框表示网站作为一个整体流程。从这一层面上看，ABC 网站需要外部资源的输入，并为外部客户（主要是年轻人）提供服务。来自外部资源的输入要素是网站流程所使用的资源，包括员工、管理人员、资金、设备、设施、材料、服务、土地和能源。输出则是为年轻人提供的网站视频服务，如视频的上传、观看、下载、评论互动及其他社区服务。但是在大方框里面，我们可以看到更详细的流程视图，流程被横虚线分成上下两个主要部分，虚线下方是简化成一个整体的网站服务核心业务流程，虚线上方也是被看作一个整体的支持流程，其中包含管理、财务、人力资源、采购等具体工作流程，每一个流程都有自己的输入和输出。在流程层面上，输入既可以是前面提到的外部资源，也可以是从其他流程得到的、完成本流程任务所需要的特定输入。

如今，在所有这些原有流程的基础上，ABC 公司要开展新的广告业务，这就是他们的新目标，这意味着要在原有业务流程中加入新的流程，投入新的资源，为新的客户服务。新的流程将被整合到原有流程之中，如图 1-3 所示。

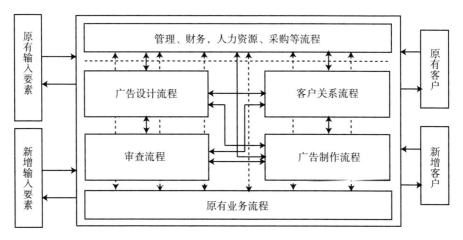

图 1-3　ABC 网站设想新增的广告流程

图 1-3 中，新目标所需增加的流程有四块，分别是客户关系流程、广告设计流程、广告制作流程和审查流程，可以统称为视频广告流程。新增流程需要新的输入要素，包括人力、物力等资源，同时为新增客户（主要是商业客户）提供广告服务。视频广告流程将被整合内嵌到 ABC 公司原有的运营流程中去，不但要与原有的管理、财务、人力资源、采购等支持流程发生联系，还要与原有业务流程对接，以便通过原有业务流程发布广告。所设想的广告业务还只是一个模糊的想法，大概是这样运行的：客户关系流程负责与商业客户进行互动并接受广告业务；广告设计流程需要根据客户的广告内容和具体要求制作视频广告和相应的投放计划；审查流程负责杜绝广告的环境风险（不能违法违规等）；制作流程需要寻找男女演员，制作布景和道具，协调广告制作过程中所有的相关计划，拍摄广告并准时将广告投放到网站上，原有

业务流程经改进后以某种方式把广告呈现给网站用户，从而满足了商业用户的需要。图中的箭头标出了流程之间的信息流和工作流，同时还标出了对绩效的反馈。

显然，在主要业务流程和支持流程之间，一个流程的输出是另一个流程的输入，一个流程出现问题会对另一个流程造成严重影响，新流程的加入又增加了组织运营架构的复杂性。

你所要实现的目标类似上面这样运营层面的目标。显然，要实现所设定的目标，需要进行一系列的先期准备工作，不但需要修改或重建组织的业务流程，还要为新流程配备团队、调整组织架构、设置考核机制、制定风险预案等，这一切无疑需要在制度上做出相应的调整，或许还要对组织的文化加以管理，最后才能全面落实和执行。

这是一个冒险的召唤，你绝不能像那些没有经验的管理者一样，拿到了目标，还没有准备好流程和各种资源就一步跨过边界，进入非常世界去落实和执行。你必须在当前的目标和所有后续的工作之间搭建起一个桥梁，这个搭建桥梁的过程就是目标确立。

具体地说，你要在目标和以下几个具体执行要素之间搭建起桥梁，这些要素分别是流程、协作、组织、考核、制度和落实。这些要素有些是属于组织的工作系统，有些是属于执行的组织方式，有些是属于组织的激励系统。你的目标要和这些元素之间搭建起桥梁，这就是我们在本章的第一步里要做的事情。

如何在目标与之后的工作之间搭建起桥梁？我们需要尽力从目标中获得足够的信息，对目标进行充分的解剖，以便知道构造什么样的流程去实现这个目标，组建什么样的团队去运行流程而形成协作，对组织方式进行什么样的调整，设置什么样的考核指标去控制实现目标的行为和方式，如何调整制度和管理文化，制定哪些行动计划以便最终落实等。这就是七步激活执行力模型提供的执行思路，这种思路的根据是管理者要靠系统的力量去实现目标，为此才需要先对目标进行解剖和分析。

目标确立，就是对目标进行发掘，解剖它、分析它并界定它对应的责权利，这么做的目的就是为了以目标揭示的诸多信息为依据，去完成七步模型的后面六步。七步全部完成之后，执行系统才能就绪，责权利全部落实到位，才能放手向着目标前进。

管理的第一步就是目标，没有目标就不存在执行力的问题。目标确立，就是对已经设立的目标进行解剖界定之后，让这个目标成为符合执行条件的目标。

目标的设立和确立有所不同。

设立目标，是一个从"没有目标"到"有了目标"的过程，这是战略决策层做的事情。确立目标，则是一个使目标从模糊到清晰的过程，也就是执行层面要做的事情。

在确立目标的阶段，人们最容易犯的错误，就是在还没有看清楚自己的目标之前，就开始动手去干了，这容易造成许多问题。首要问题就是还没有为确认实现目标的流程做一些准备工作，而目标能否实现，很大程度上取决于流程的有效性。要明确投入目标的人力、物力、财力等资源是什么？达成目标所必须完成的一些必不可少的关键任务是什么？这些任务如何相互排序和协调？实现目标的责权利边界在哪里？当这些问题还没有答案的时候，目标对于我们就是一个最模糊的东西，必须从目标里找出这些问题的答案，以便使目标明亮清晰起来，一目了然。

"七步激活执行力模型"的第一步，强调的就是使目标清晰可辨，为之后的各个执行步骤做好准备。

前面已经说过，确立目标共分三个步骤。

步骤一：对目标进行解剖，得到一些有用的信息，并使目标初步清晰起来。

步骤二：界定目标的责权利，并把责权利分配到流程和价值链中去，为有效落实做准备。

步骤三：用一句话表达目标，使目标明确并在执行中发挥激励作用。

以上三步完成之后，目标确立的工作就完成了。下面我们先来研究第一个步骤：目标的解剖。

（二）让目标清晰：六维度解剖目标

解剖目标，就是要从目标里面解剖一些信息出来，方便以后用这些信息去设计流程，改造组织的执行系统，展开执行行为。另外，在解剖目标的过程中，还会对目标进行一些检查或修正，使目标符合 SMART 原则。

SMART 原则是管理大师彼得·德鲁克提出来的。不符合这个原则的目标，要么无法进行六维度解剖，要么就是不切实际的目标。

在管理学概念中，SMART 这个英文单词，代表了组织或团队目标的五个标准，分别是：S—具体，即所制定的目标要具体、详细；M—可衡量，即所制定的目标是可被衡量的、可检验的；A—可实现，即所制定的目标可实现，不是空中楼阁；R—相关的，即所制定的目标与自己、组织、人员、技能、资源等有相关性，不是完全陌生的；T—时限，即目标应可以在特定期限内完成，不是遥遥无期的。

解剖目标的具体内容分为六个维度，分别是：能力计划、关键任务、阶段划分、绩效预测、衡量指标、风险识别，如图 1-4 所示。

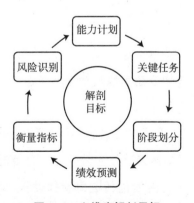

图 1-4　六维度解剖目标

下面我们来讨论每一个解剖维度。

1. 第一维解剖：能力计划

什么是能力计划？就是前面提到的流程投入要素，具体说就是当前目标需要新增的投入要素，包括人员、资金、设备、设施、材料、服务、土地和能源等一系列新增要素。

能力是资源，资源是一种能力。要实现一个目标，到底需要一些什么样的能力呢？在人员方面，哪些能力组织里面已经拥有？哪些能力可以通过培训获得？哪些能力必须招募新人？哪些能力需要请一个顾问来指导？哪些能力要从组织外部获得？在资金、设备等方面需要什么投入？需要建立新的设施吗？需不需要获得外部的服务呢？这些都是所需要的能力。把组织中现有的能力与目标所需要的能力进行对比，罗列出来形成一个计划，这就是能力计划。我们从目标里解剖出了这个计划，以便知道在实施阶段需要哪些投入，据此做出准备。

例如，某公司要研发一款手机软件并推向市场，首先就需要编程能力，其次还需要推广能力、销售能力等，或许还需要公关能力，如果外包开发的话则还需要项目管理能力等。有些能力还可能涉及到需要设备，例如编写程序就需要电脑，运输就需要车船，制作视频广告需要一系列的设备，如场地、能源或演出公司的演员等。如果不知道实现目标需要什么样的能力，盲目上马后才发现能力不够，再退下来就会浪费先期投入的资源。

美国华纳兄弟电影公司出品的《十一罗汉》展示了能力计划，该片讲述了超级大盗丹尼·奥申成功抢劫了情敌赌场地下金库的故事。当丹尼设立了这个目标之后，对目标进行了解剖：在能力计划方面，人员能力包括行动计划与组织、装备筹划、"出老千"、偷窃、获得军火、赌场内线、汽车改装与超级驾驶、诈骗、侦察、电脑及网络系统入侵、足够矮小且柔软的身体（以便藏于钱箱之中）等；设备能力包括电力干扰设备、车辆（含警车）、网络入侵设备等。不管之后是不是能找到拥有这些能力的人员或物资，这一步的能力计划是不可缺少的。

能力计划是为未来设计和运行流程以及组建团队做准备，知道了能力计划就知道要投入什么样的人力、物力、财力资源，组建什么样的团队。如果现有的团队已经有了所需要的能力，就不用再去组建了。能力计划往往和实现目标的策略有关。例如丹尼·奥申的能力计划，是根据他抢劫金库的目标制定的。

切记：资源是一种能力，包括客户资源。在以后实施的时候，要分配或调度资源、安排资源，安排得越恰当，执行力越有效。那些著名的互联网公司，如果没有足够的客户资源，许多目标就无法实现。以腾讯公司为例，其竞争对手都把它的用户资源当成其能力来对待，因为从技术上来说，虽然各家公司都能得到编写聊天软件的能力，但它们的力量却因客户资源而受限，无法与客户资源强大的腾讯公司抗衡。

能力计划中的人力资源，是未来匹配目标责任时的依据，因为责任应该赋予有相关能力的人、团队和相关设备。能力计划是依赖达成目标所需完成的任务而生的。所需要的能力，很多都是用来去实现关键任务的。

2. 第二维解剖：关键任务

当世界著名的日本京瓷公司还是毫无名气的中小型企业时，来自 IBM 公司第一笔大批量元器件采购订单，无疑是其前所未有的机遇。然而，这次订单的关键任务，首先是当下产品的研发难关（主要是生产工艺流程的改造），其次才是未来的生产。

稻盛和夫在《活法》一书中写道：

IBM 的要求苛刻得几乎令人难以置信。通常规格书是一页纸的分量，而 IBM 的规格书却足有一本书那么厚，内容也极尽详细和严格。因此，多次试产也因不合格而被淘汰。最后我们以为产品按照规格要求做出来了，结果还是被打上不合格品的烙印退回来了。

IBM 要求的尺寸精度严格得比以前高一个数量级，甚至我们公司连达到这个精度的测量仪器都没有。

完成一个目标要做一些什么事？要完成什么关键的任务？哪些事情不去

做的话，目标就肯定没办法完成？把这些任务识别出来，就是关键任务。关键任务描述了未来流程的重要工作单元。在设计流程时，把关键任务按照一定的顺序或模式进行安排，流程的框架就有了。

以 ABC 网站的新增广告业务为例，关键任务分四大项，即客户关系、广告设计、广告制作和审查。如果细分的话，每一大项关键任务还能够分出许多细致的任务，绝大部分任务都需要人力与物力的配合才能完成。

关键任务的识别，是在为以后的"流程确认"做准备，届时将把关键任务匹配到流程之中。把关键任务整合成有序的操作步骤就是流程，流程是工作的基本单元。每一项工作，无论是设计了它还是没设计它，都是按照流程走的。所以识别出目标的关键任务很重要，否则以后设计和改造流程就没有依据，沿用旧流程可能根本完不成任务，真正执行的时候就无法推动流程了。

每一个关键任务都包含几个要素，我们现在关心的只是"关键任务描述"这一项。关键任务的"内外部依赖关系"这个要素是关于相互协调的，我们在流程设计阶段考虑流程的输入输出和相互依赖关系时才要用到。

识别关键任务的方法也很简单，把实现目标要做的事情全部罗列出来，看看里面哪些事情是最关键的，是对实现目标至关重要的，不完成这些任务的话，要么目标没办法实现，要么实现的质量要大打折扣，这些就是关键任务。通常，关键任务在所有任务中所占的比例比较小，一般不到50%，甚至连30%都不到。

关键任务识别出来之后，在流程确认的阶段，就要为这些关键任务设计、改造或再造流程。关键任务往往是流程的瓶颈，没有它流程就会瘫痪或效率低下。比如在建筑施工过程中，关键任务之一是供货公司用搅拌车运送商品混凝土到施工现场。在建筑施工的流程之中，商品混凝土如果运送得太早就容易凝固，车辆还要在工地等候，影响运送效率；而太晚送到又会让施工单位出现停工待料的情形，影响施工进程。这个任务会造成施工进入瓶颈，所以这个运送商品混凝土的任务就是关键任务。

有些任务原以为是关键任务，然而这些任务完全是出于规避风险的考虑而设定的，而在后面"风险识别"的解剖维度里，所对应的风险发生率却是很低的，或者哪怕是发生了，其危害也是比较小的，那么就可以认为这个任务不是关键任务，甚至不是一个任务。

3. 第三维解剖：阶段划分

实现目标必须有一个期限，否则目标就会无限期延缓，几乎没有完成之日。ABC 网站的广告项目那么多的工作量什么时候完成？流程、团队、资源投入什么时候能够到位？这些都要有一个基本的时间表。有了完成目标的最后期限还不够，还要划分出具体的阶段，因为目标往往需要用比较长的时间才能完成，不可能一气呵成，只能通过划分阶段，分阶段地把任务完成，这就是阶段划分。

以党的十九大报告为例，目标是把我国建成富强民主文明和谐美丽的社会主义现代化强国。这个任务不可能一蹴而就，需要数十年来完成它，因此进行了阶段划分。第一阶段从 2020 年到 2035 年，共 15 年；第二个阶段从 2035 年到 21 世纪中叶，也是 15 年，总共用两个阶段来完成党的十九大会议确定的社会主义现代化强国目标。

又比如某中文网站新成立的"安特龙写作组"团队，决定创作一部符合"双高"要求的奇幻小说，小说暂定 500 万字。所谓"双高"要求，意思是"高文字水准，高更新速度"。为此，该小组对这个目标进行了阶段划分，共分成八个阶段，其中第一阶段 1 个月，第二阶段 2 个月，第三阶段 1 个月，第四到第八阶段每阶段都是 3 个月，共 19 个月完成全书的写作任务。

对目标有了阶段划分，意味着目标的实现有了自己的阶段细分时限，这样，目标就符合了 SMART 原则的"时限"要求。如果没有阶段的压力，资源的投入就会降低效率，目标甚至无法完成。划分了阶段，目标的实现变得可以预期了。

4. 第四维解剖：绩效预测

将目标划分成多个阶段后，每一个阶段都要有一个阶段目标，这就是绩效预测，是为了对实现目标的过程加以控制。你的组织可能已经有了完善的控制系统，或称绩效管理系统。为了实现良好的控制，每一个阶段都要进行绩效预测，预测阶段目标任务能够完成到什么水平，达到什么程度才算实现。没有预测就没有标准，没有标准就没办法根据标准制定衡量指标，也没办法进行测评和考核。预测就是找标准，找到标准之后人们就知道要做什么，更有责任感和动力。

还是以党的十九大报告为例，第一阶段从 2020 年到 2035 年，在全面建成小康社会的基础上，再奋斗 15 年，基本实现社会主义现代化，这就是第一阶段的绩效预测。第二阶段，从 2035 年到 21 世纪中叶，在基本实现现代化的基础上，再奋斗 15 年，把我国建成富强民主文明和谐美丽的社会主义现代化强国。这就是第二阶段的绩效预测，也是整个目标的预测。

因此，阶段划分的目的是为了进行绩效预测，每个阶段预测的任务完成了，总目标也就实现了。阶段划分和绩效预测，其实是对目标进行有效分解。

绩效预测的一个作用是给任务制定时限。进行了阶段划分和绩效预测之后，也就规定了完成任务的里程碑，时间的紧迫感能让人们全身心地投入到工作中去，这样才能最好地激发出人们的热情、工作效率和灵感。例如前面提到的"安特龙写作组"团队要写的奇幻小说，第一阶段 1 个月，阶段目标是完成调研和确定主题；第二阶段 2 个月，阶段目标是完成全书大纲的制作，包含主题、世界、人物等各种设定，小说主线故事的完成，全书总高潮和大结局的确定等；第三阶段 1 个月，测试分工协作的流程式写作，完成 20 万字并完成上架；第四阶段 3 个月，完成第一个百万字；等等，这样在 19 个月内完成写作总目标。任何一个阶段目标都是一个绩效预测。

绩效预测的另一个作用是对关键结果领域（或称关键成果领域）进行规划。关键结果领域是工作的重点，是必须取得成果的领域。绩效预测的阶段目标都应该位于关键结果领域之内，这样才能真正实现绩效。

其实，人们对任何目标都有一个预测，如它能获得什么样的结果和收益、达到什么样的效果等。对长远战略目标的预测称为"愿景"，对阶段性目标的预测就是绩效。绩效预测就是对未来绩效的估计。ABC 网站的绩效预测是对每个阶段要完成的目标给出估计，如在哪个阶段让人员和设备到位、在哪个阶段完成新业务与原有业务的对接等，对这些都要有个估计。绩效预测把模糊的目标清晰化，方法就是把宏伟的愿景分解到之前划分出的各个阶段之中，每个阶段能够达到什么样的小目标，实现什么样的阶段效果或产出。

通过绩效预测，我们不但更加看清了目标的效果，也看到了目标最终实现的可能。

5. 第五维解剖：衡量指标

了解绩效预测是否完成需要衡量指标，通过衡量指标检测到绩效达到预期，这才说明阶段任务完成了。每个阶段都完成了，目标也就实现了。

仍然以"安特龙写作组"团队奇幻小说为例。第一阶段1个月，目标是"完成调研和确定主题"，那么主题确定的标准是什么？比如衡量指标可以是"主题必须涉及最本质的人生价值：爱与恨、和平与战争、正义与非正义、成功与失败、善与恶等，并能够点燃目标读者的激情"，这就是主题的衡量标准。调研完成的衡量指标是什么？例如可以是"理由充分地确定了目标读者群及其兴趣特征，确定了小说的世界类型，主人公的人物真相及各种塑造要求……"这些都是对第一阶段目标的衡量指标。同样，对于第二阶段的绩效预测是"完成全书大纲的制作，包含主题、世界、人物等各种设定，小说主线故事的完成，全书总高潮和大结局的确定等"，也有相应的衡量指标，如"主题健康向上广受认同，使用开放世界而不是封闭世界，主线故事应包含30个以上大副本，全书高潮和大结局不能使用悲剧但要震撼人心"等。第三阶段绩效预测为"测试分工协作的流程式写作，完成20万字并完成上架"，衡量指标可以是"小说上架，每日更新不断"等。以后各阶段的衡量指标，比如可以是订阅人数、读者反馈等。总之每个阶段的绩效预测都有相应的衡量指标，这样就能实实在在地判定阶段目标有没有完成。也就是说，需要一个衡量指标来了解每个阶段应该完成到什么程度、完成什么东西。

一般来讲，绩效主要通过结果或行为来表达。结果可以衡量，行为能够观察，所以，衡量指标可以视绩效表达方式是结果还是行为来决定是采用量化指标还是采用描述性指标。当然，我们也可以通过一定的绩效管理工具把所有指标全部转化为量化指标。关于这一点，我们将在绩效考核那一步进行较为明晰的讲述。

衡量指标是未来进行绩效管理的依据。组织的绩效管理系统根据衡量指标进行测评、反馈和评估，并据此改进工作或实行奖励。

6. 第六维解剖：风险识别

在后续目标的落实执行阶段，如果遇到了风险，但又无法应对的话，团队就会面临"灾难"。以 ABC 网站的广告目标为例，资源投入之后能否收回成本？广告内容审查不慎会不会触碰红线？外界服务不能到位将会导致什么后果？所有这些风险现在就要识别出来，以便制订应对的计划。所以在解剖目标的这个阶段，现在就要看看会发生什么风险，然后提出应对设想，做好准备。

一般情况下，管理者在进行战略决策的时候，就已经识别过风险了。那时他是站在战略层面上做这件事情，以便确定战略的可行性，以及识别出哪些目标可以去做，哪些不可以去做。然而，我们现在的风险识别并不在那个层面上，因为现在已经有目标了，这个目标可能是上层的领导下达的，也可能是环境给的机会，而由中高层管理者自己设定的。因此，现在我们要从运营的层面上去识别目标面临的风险。也就是说，主要识别那些在执行的过程中会遇到的风险和运营层面的风险。因为目标在向前推进的过程中往往会遇到一些影响目标实现的不确定性因素，在现在这个"风险识别"解剖过程中，就要把影响目标实现的不确定性因素识别出来。

例如，各级政府部门都有各种应急预案，其作用就是在面对突发事件如自然灾害、重特大事故、环境公害及人为破坏的时候，能够按照事先制定的预案进行应急管理、指挥、救援等。应急预案就是预先识别了风险之后制定的应对计划或指南，它的基础就是风险识别。

风险是预期结果的偏差。有目标就有风险，关于风险的分类方法有很多。用任何一种分类方法都会发现风险，例如运营风险、财务风险、市场风险、法律风险等，在这些风险大类之下还可以细分出很多具体的风险。总之，风险天然地包含在任何追求目标的行动中，甚至风险包含在任何行动当中。所以，任何目标无论其看起来多么有把握，都可能存在未识别出来的风险。

风险识别是风险管理的第一步，是衡量、分析、应对风险的大前提。

风险识别分为"感知风险"和"风险分析"两个环节，其中"风险分析"是关键环节。

风险识别的第一个环节是"感知风险"，它有两个步骤：第一，以目标面临风险的大类别为根据，穷举出当前目标可能面临的风险。风险的大类别包括环境风险、技术风险、生产风险、人事风险、运营风险、财务风险、项目风险、市场风险、法律风险、政治风险等，我们所要做的就是找出当前目标在每一个大类别下可能遇到的风险，把它们都罗列出来。第二，对罗列出的风险进行粗略评估和筛选，并将相关的风险建立初步风险清单。

做到以上两步，风险感知的事情就算完成了。下面的任务就是进行风险分析，以便在以后的计划阶段制定应对措施。风险分析的过程分为四步：第一，确立各种风险事件并推测其结果，如资金的财务结果等。第二，制定风险预测图。这种图一般采用二维结构，横坐标表示潜在的发生概率，纵坐标表示影响度。第三，进行风险分类，便于以后进行分类管理。第四，建立风险目录摘要，便于对各种风险一目了然。

在做完风险分析的四步并建立了风险目录之后，我们就可以考虑应对各种风险要采取什么样的措施了，例如是规避它还是接受它？是降低它还是分担它？这是管理者下一步的任务。

在六维度解剖目标的过程当中，如果说"关键任务""阶段划分"和"衡量指标"三个维度之间存在着一些先后次序和联系的话，"风险识别"这一维度却是真正的"维度"，它与广袤的世界相关，它要识别的风险来源于组织内外环境的各个方面，任何人都不能有把握地说，他已经识别出了潜藏于目标后面的一切风险。因为风险的本意，就是目标与成果之间存在不确定性。有些风险不可避免，风险识别的任务是尽可能识别出目标背后的风险，以便在实现目标、克服风险的过程中付出尽量少的代价。也就是说，风险识别，是为未来的风险应急方案提供依据。

至此，我们已经讨论了解剖目标的六个维度，目标已经更加清晰，接下来我们就可以考虑去打造执行力的基石：界定实现目标的责权利。

（三）打造执行力基石：界定目标责权利

目标有了，意味着我们在未来会创造出一些工作和角色，每一份工作都需要员工去扮演适当的角色，担负起这个角色所要求的职责。一个组织在发展初期可能并不存在规范的角色和职责，因为它的成功可能在很大程度上取决于善于适应环境的"随机应变"式的不断改变。此时一个人可能扮演许多角色，承担许多职责，没有明确界定的角色和职责或许是一种优势。然而当组织发展到一定规模之后，如果"随机应变"的文化仍然延续，则意味着有些员工没有明确界定的角色和职责，这些员工将不清楚自己应该干什么，执行力肯定会受影响。

这样的情况不能发生在我们追求的目标上。我们将为每一个参与者——员工或团队——编写详细的职责说明书（角色说明书），激发出他们最大的执行力。然而在那之前，我们要把实现目标所需要的总的责权利给界定出来。

我们现在有了目标，需要多少人去承担这么大的责任？需要什么级别或权限的人去承担这些责任？是一个人？一个团队？几个团队？还是整个组织？为了实现当前的目标，我们至少需要多大级别的组织规模去担负它对应的责权利？这就需要界定目标的责权利。

界定责权利指的是明确找出为完成目标所必须匹配的责权利边界，也就是要界定出为完成当前目标，需要匹配规模多大、级别多高、何种形式的组织所对应的责权利，界定出责权利的上下边界在哪里。也可以简单地说，我们想要知道完成一个目标具体需要多少人，这些人的责任有多大，权限有多大，所获利益有多大。

例如写一篇宣传文章，这是一个很小的目标，只要委派给一个拥有相应责权的个人去完成就可以了，他完全能够承担这样的责任，因此并不需要一个团队或数个团队甚至整个组织去承担完成它的责任，当然也不需要授予执行者极大的权限、支付巨大的报酬。所以，我们从这个小目标里面界定出来的责权利，其边界是很窄的，不能把这个小目标的责权利边界扩大到团队或组织，更不必扩大到组织以外。

而当一个目标很大时，例如接到一个新产品订单，该订单不但需要初期的研发投入，还需要中后期的生产和营销投入，组织中的许多部门都要参与，支持系统需要全面运转，那么这个目标所对应的责权利边界就比较大了，可能至少需要几个团队甚至整个组织去匹配相应的责权利，甚至还需要为此调整组织方式和制度等。我们要把这么大一个目标的责权利边界尽量准确地界定出来，所包含的责权利至少要能够完成目标，但不应广泛到浪费资源的程度，这就是界定目标责权利的任务。

在确立目标的这个阶段界定出它的责权利，是为了以后能够把所界定出的责权利分配到组织中对应的流程、团队、部门中去，也就是要把所界定出来的责权利分解、匹配到组织的执行系统中去，以便完成这个目标（见图1-5）。

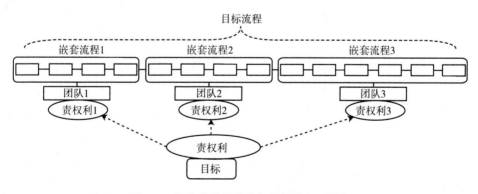

图1-5　界定出目标的责权利然后去匹配它

由图1-5可知，流程、团队和组织是责权利的载体，流程是分解匹配责权利的工具。如果不在确立目标的现阶段界定出它的责权利，那么在之后的执行过程中，我们以什么为依据去分解和匹配责权利呢？

责权利如果不进行界定和匹配，轻则会造成组织资源的浪费，重则会使目标无法实现。一个较小的目标如果没有界定出它的责权利边界，贸然把目标交给很多人去实现，那就会造成组织资源的浪费。一个大目标交给个人或小团队去实现，目标很可能无法实现。

流程、团队构成的工作系统是分解匹配责权利的工具，组织系统为匹配责权利提供资源保障，考核系统监督责权利的兑现，制度规范和巩固责权利的行使。一个组织从内部看起来并不仅仅是由一群人组成的，它是由一系列工作和角色按照某种模式（例如组织架构）分布构成的。组织就是一个分配责权利的工具，它里面的部门、团队、流程等工作结构不但是完成目标的工具，也是分配责权利的工具。组织的全部能力，表现为其内部全部责任的兑现。组织以匹配责权利的方式确保各项职能的实现。也就是说，我们此时从目标中界定出的责权利，是为了之后把它分配到组织的系统中去的（见图1-6）。

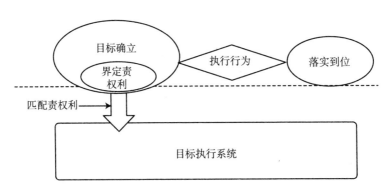

图1-6　界定责权利，匹配责权利到目标执行系统

组织的运营者能够看到目标原本就包含着责权利，他所要做的不过是把这些责权利从目标里界定清楚而已。运营管理者界定出目标总的责权利之后，

就能在以后把实现目标的责权利匹配到组织的系统之中，分解到每个团队或个人身上去，等于把大部分责任转嫁到组织内的系统里了。这就是界定责权利的重要性所在，即把实现目标的责任变成组织系统的责任，从而激发出组织才拥有的执行力，使目标得到最专业化的实现。

实现目标离不开责权利，所以我们说目标是由责、权、利这三样东西支撑起来的。因此我们称责权利是目标的执行三要素，是实现目标的基石（见图1-7）。

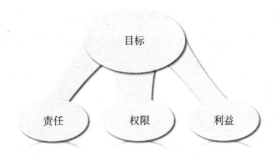

图1-7　责权利是目标的基石

七步的每一步里都有责权利的"影子"，每一步都是在不同侧面落实着责权利。解剖了目标，界定了责权利，目标就立起来了，在七步中的每一步就都能看到责权利的影子，所以确立目标就是一个"立竿见影"的过程。

在七步激活执行力模型的以下各步中，每一步都涉及责权利的匹配。在最后一步中，我们将把责权利全部落实到位，那时组织将全力展开行动去实现目标。

（四）把目标植入人心：用一句话表达目标

不断追求目标是人类的天性。个人、组织或团队是追求目标的最佳单元，流程也是为目标服务的。组织中的一些部门有时可能不是追求目标的最佳单元，例如当部门之间边界分明、横向交流失效时，部门往往只看到自己的小目标，而对组织的大目标视而不见。

无论对于组织、部门、团队或个人来说，明确的目标都会起到激活执行力的作用，因此应该把他们负责的流程的目标明确地表达出来，并为其有效配备合适的人员规模，如个人、团队或组织等。

团队只为实现某些职能或完成某些任务而存在，如果没有共同目标，众人聚在一起的共识基础就不存在了，他们就会解散，还原成一群个体。目标越明确，团队组建得越快，这是因为目标激发了巨大的动力。电影《十一罗汉》中的团队之所以组建得那样快，正是因为目标包含的巨大利益。当目标不再重要时，团队在实际意义上就消失了。同学会就是一个例子。尽管在上学的时候一同为某项共同目标奋斗过，但毕业后再次聚会，上学时那种共同奋斗的感觉已经没有了。退伍军人同样如此，尽管多年前可能成功地作为一个团队奋力战斗过，但多年后再次见面时，同样已经不再是一个团队，而是聚在一起追忆往事的一些个人了。

目标除了凝聚团队外，对团队间形成有效的网络关系也十分重要。团队之间需要对共同目标开诚布公、充满信任并承担责任，这样才能很好地协作。

我们现在确立的目标以后会被分解到团队之中成为团队的小目标，这个过程是一个使团队人员获得人人参与和投入的机会，这对新团队的组建非常重要，目标将帮助新团队的成员建立信心，提高士气和效率。由此可见，目标对组织或团队执行力的方方面面都很重要。

用一句话表达出目标，把目标和它的价值明确地传达到组织中团队人员的心中，以便让目标发挥出它凝聚和激励的作用。目标越是简单明确，越容易得到人们的理解和认同，团队的组建就越容易，团队的凝聚力和执行力就越强。

用一句话表达的目标，不但表明了我们自己已经把目标解剖并理解透彻了，也为以后团队制定自己的目标指明了方向。团队的目标要与用一句话表达出来的目标保持一致，这样所有人员都将被同一个目标凝聚在一起。

对于组织来说，也常使用一句话表达其长期和中短期目标。三五年的目标是组织的战略使命，更长期的目标是组织的愿景甚至文化使命。例如阿里巴巴的愿景是这样一句话："让天下没有难做的生意。"IBM 公司是这样的一句话："无论一大步，还是一小步，总是带动世界的脚步。"这样的一句话绝不是随便提出来的，而是高层管理者在充分考察了外部环境与自己组织的需求和能力之后寻找到的，是与世界签订的契约。用一句话就能表达的目标，说明了表达者真正知道自己想要什么。用许多话去描述的目标容易使别人难于抓住你的意思，甚至怀疑你思维混乱，没法表达清楚组织真正的需求。

　　本章中我们确立的目标是组织的一个中短期目标，因此要更加具体一些。对于我们当前不大不小的目标来说，当它被分解到团队中后，各团队会制定自己的目标，那个目标就能告诉团队人员"我们聚到这里到底想实现什么目标、得到什么利益"这样的中短期目标，团队还会根据组织的愿景制定自己的愿景以表达"我们想获得什么"这样的诉求。团队目标的最大好处是帮助其成员明确团队的关键任务，因为明确的目标更能使团队成员完成其所有的任务，这对于团队内部的任务分配、避免重复工作及确定需要什么样的外界帮助等也有很大效用。如果不用一句话把目标表达出来，在流程中工作的团队人员就像夜路上的司机，他只能看到车前的一段路，看不到远方的目标。我们现在用一句话把这个目标告诉他们，让他们获得了和管理层一样的视野，也就把双方的追求合在一起了。

　　那么如何找到这句话呢？下面会讨论一些方法。但是在此之前，我们要给这一句话订出几个标准，比如以下这三个标准：①对目标的时空方向描述清晰适当；②对目标的价值表达完满；③语句简短且有激励作用。

　　当然你可以按照自己目标的需要，订出其他一些标准来，但总原则是把设立的目标表达清楚。

　　找到表达目标的一句话，方法有很多。比如价值法，就是把目标中包含的价值都抽取出来后变成一句话。先把目标所包含的价值全都抽取出来，查看这些价值哪些是必不可少的，哪些是可有可无、删除掉也不会影响目标价值的，然后把剩下的价值组合成一句话。

以福特汽车公司的"埃德塞尔"汽车项目为例，其价值可能有以下这些：①埃德塞尔（价值：大老板的名字）；②汽车（价值：肯定是汽车）；③未来（价值：未来代表先进）；④中高档（价值：中高档）；⑤年底产出（价值：时限性）；等等。这些价值可以变成下面的一句话："年底前生产出代表未来的埃德塞尔中高档汽车。"还可以变化一下，如"埃德塞尔，未来的汽车，汽车的未来"。

如果感觉上面的办法不好用，那不妨先写一篇小作文，也就是一个段落，其中包含了许多句子，囊括了所有想到的描述目标的话。然后我们给这篇小文章"减肥"，最后把它浓缩成一句话就可以了。

许多人都喜欢"头脑风暴"，例如一些团队的管理者把大家都召集到一起讨论共同的目标，你一句我一句搞出许多句话，最后大家会在这一大堆话里挑选出一句大家最中意的。这个方法对团队来说很有用，因为这一句话是大家想出来的，所以最能得到大家的拥护。

总之，不要过于完美主义，只要找到一句让大家都能明白目标是什么的话就可以了。

（五）额外的话题：竞争策略与目标的关系

组织的战略和策略不是本书要研究的话题，因为它不是我们七步激活执行力问题研究的范围，更不是已经确立了的目标所能够左右的。

然而当设立了一个目标之后，目标与相应业务的竞争策略又有着极大的关系。如果所要实现的目标是一项具体的业务，那么在相同业务的竞争环境下，就需要有对应的竞争策略。因此，我们在此大概讨论一下目标与竞争策略的关系，目的是提醒读者在确立目标的过程中还要注意竞争策略。

竞争策略与目标的关系，在时间层面上无非就三种，分别是：①先有目标后有策略；②先有策略后有目标；③目标确立与策略产生同步。

先有目标后有策略，这是刘备"髀肉复生"故事的写照。他先有了目标，许多年没有策略去实现这个目标，所以悲从中来，对刘表长叹说："备往常身不离鞍，髀肉皆散；分久不骑，髀里肉生。日月跎蹉跎，老将至矣，而功业不建：是以悲耳!"从管理的角度去看这个问题，这就像有了想法和能力而没有相应的策略和流程，能力没有施展的路径，人才没有发挥的余地。

先策略后目标，这是成熟组织的典型特征。经典的福特"埃德塞尔"汽车项目虽然失败了，但它仍然是先有了完备的竞争策略之后，才有了"埃德塞尔"这个目标的。目标的失败说明策略可能存在问题，福特公司对此极为重视，之后的策略调整使公司又走上了成功之路。

目标与策略同步，这种情况也是经常见到的。这里所谓的"同步"，其实就是在目标确立阶段的同步。当此之时，目标与策略起初都显得模糊不清。在确立目标的过程之中，随着目标的逐渐清晰，配合它的策略同时应运而生。当目标真正确立了之后，竞争策略也同时准备好了。

另外，我们的目标是运营层面的目标，它包括了流程的改进或重建。如果目标能够促使组织的运营基础架构得到改进，则目标本身就是一种竞争策略。因为组织的运营是确保竞争优势落地的一种重要手段，流程在价值链中具有战略意义，例如流程必须为其顾客增加价值。

（六）总结：目标确立方法图

如图1-8所示，目标的支撑基石是责权利，实现目标的路径要从六维度解剖去入手，同时还要考虑目标与竞争策略的关系。另外，作为大家共同追寻的目标，要用一句话去表达出来，让人们都知道目标的样子。

（七）基础训练一：目标确立

为了巩固读者对本章的学习，笔者在此设计了一个基础训练表，用它来检验读者对本章内容的掌握。本章的基础训练表是一个"要素完整"的表格，但却不一定是容量足够的表格。读者在使用此表时，应记住主要的作用是练习本章的全部内容。

在实际的目标确立过程中，这样的表格其篇幅容量肯定是不够用的，对

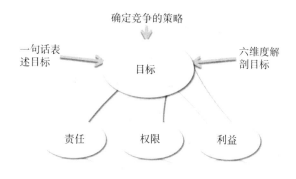

图1-8　目标确立方法

于复杂目标的六维度解剖部分尤其如此。因此请读者理解，本节所给的表格，其实是一个方向性的表格，不是一个实际操作用的表格。

但这并不是说所提供的表格每一项的空间都不够用，例如"竞争领域""竞争位置""竞争优势"三项，在福特公司的"埃德塞尔"项目中，竞争领域就是小轿车领域，竞争位置就是中高档位置，竞争优势就是福特公司的设计、制造和资金力量。

目标，即是你所期望的结果。请选择你管理工作中经历过的一件事或正在实施中的一件事情，并识别出其相关目标，根据所学习到的目标确立激活方法，填充下表。

用一句话表述目标		
界定责权利	责任如何	
	权限怎样	
	利益何在	
确定竞争策略（竞争定位）	确定竞争领域	
	确认竞争位置	
	确立竞争优势	

	能力计划	
六维度解剖 目标	关键任务	
	阶段划分	
	绩效预测	
	衡量指标	
	风险识别	
说明：		

第二步

使目标有实现的路径：流程确认的激活

企业流程再造一直是许多企业想做的一个课题，但此项工程浩大，牵一发则动全身。

——网摘管理名言

（一）流程确认概论

本章讨论流程确认，这是七步激活执行力的第二步（见图2-1）。

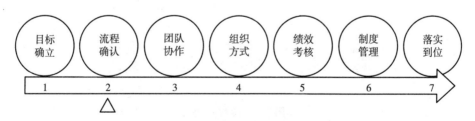

图2-1　第二步，流程确认

流程确认的目的，是为我们已经确立的目标打造一个流程，这个流程必须能够通过创造客户价值来实现具体的目标，并且还能整合到组织的价值链中。

价值链的概念就是基于组织的流程视图，它将制造（或服务）组织视为一个系统，这个系统由各子系统（流程）组成，每个子系统都有输入（投入）、转换过程和输出（产出）。输入（投入）、转换过程和输出（产出）涉及到资源的获取和消耗——金钱、劳动力、材料、设备、建筑物、土地、行政和管理。价值链活动的执行方式决定了成本并影响利润，其实就是一个组织创造价值的整体流程。

流程的设计和管理是组织中运营管理人员的责任。在流程管理的过程中，所有相关部门的人员都要参与进来。比如运营管理人员负责对流程进行设计、指挥和控制，使流程能够运行起来；IT部门需要为流程采购或开发信息和决策支持系统；营销部门帮助创造流程必须满足的需求，并使运营职能的重点保持在满足顾客需求上；人力资源部门负责招聘和培训员工，以满足流程的需要；财务部门对流程产生的现金流量和资本投资需求进行管理；会计人员整理财务和成本信息，用于帮助运营管理人员进行流程的设计和运行。由此可见，在流程的设计过程中，组织的支持系统需要全部运行起来相互协助。

所谓流程确认，就是设计、改造或再造支持目标实现的流程，并将新的流程纳入组织已有的流程系统之中，重新构造组织的价值链，为接下来的其他激活做好准备（见图2-2）。

图 2-2 流程确认

在讲解如何确认流程之前，让我们先来复习一下什么是流程。

著名经济学家亚当·斯密（1776年）大概是最早讲述流程的人。在他著名的"扣针厂"例子中，他对制作扣针的流程进行了仔细的描述：

"一个人抽铁线，一个人拉直，一个人切截，一个人削尖线的一端，一个人磨另一端，以便装上圆头。要做圆头，就需要有两三种不同的操作。装圆头，涂白色，乃至包装，都是专门的职业。这样，扣针的制造分为十八种操作。有些工厂，这十八种操作分由十八个专门工人担任。固然，有时一人也兼任两三门。我见过一个这种小工厂，只雇用十个工人，因此在这一个工厂中，有几个工人担任两三种操作。像这样一个小工厂的工人，虽很穷困，他们的必要机械设备虽很简陋，但他们如果勤勉努力，一日也能成针十二磅。从每磅中等针有四千枚计，这十个工人每日就可成针四万八千枚，即一人一日可成针四千八百枚。如果他们各自独立工作，不专习一种特殊业务，那么，不论他们是谁，绝对不能一日制造出二十枚针，说不定一天连一枚针也制造不出来。他们不但不能制出今日由适当分工合作而制成的数量的二百四十分之一，就连这数量的四千八百分之一恐怕也制造不出来。"

什么是流程？流程是一种或一组活动，这些活动利用一个或多个投入要素，对其进行转换并使其增值，向顾客提供一种或多种产出（见图 2-3）。

图 2-3　流程

以医院为例，一个患者来到医院，他先去挂号，然后去分诊，然后到门诊得到诊断和治疗，医生可能给他开药，然后患者去交费，然后去取药，这一系列活动组成了一个流程。这个流程的成果就是患者拿到了恢复健康的药品，相应地，医院和患者都获得了流程产生的价值，如图 2-4 所示。

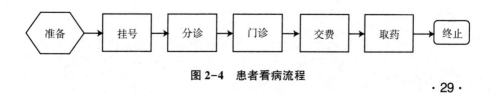

图 2-4　患者看病流程

上面这个患者看病的过程，从旁观者的角度来观察，就是一个要素齐全的流程。第一，流程的输入，医院和患者都投入了人力、物力和财力等资源；第二，流程中有一系列的活动；第三，流程中的各个活动是结构化的，并且是相互作用的；第四，这个流程有它的输出，也就是获得了产出；第五，流程有它的顾客，也就是那个患者；第六，医院和患者都实现了价值，这个价值以患者愿意支付的价钱来衡量。任何流程都有以上的六个要素。

下面再看一个杂志社的出版流程。我们先展示一个从工作流的角度看到的流程，然后再展示从运营管理的角度看到的流程。从工作流的角度看到的流程容易理解，如图 2-5 所示。

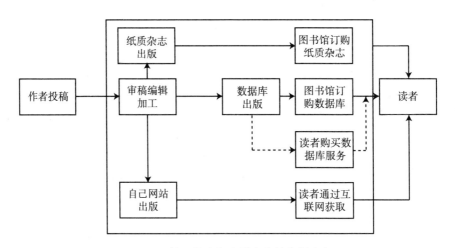

图 2-5　从工作流角度看杂志社出版流程

图 2-5 是从工作流的角度看到的流程，中间的大方框内是杂志社内部的工作流程，共分四个大的模块（流程），即"编辑加工"流程、"纸质出版"流程、"网站出版"流程和"数据库出版"流程。各模块之间的工作流向关系，在图中沿着箭头方向标识得很清楚，从作者投稿到读者看到杂志的过程被清晰地表示了出来。

然而，对于运营管理者来说，上面的流程图不容易揭示出组织内的运营细节，不容易从运营的角度加以理解，因此我们要把它改画成运营层面的流程，如图 2-6 所示。

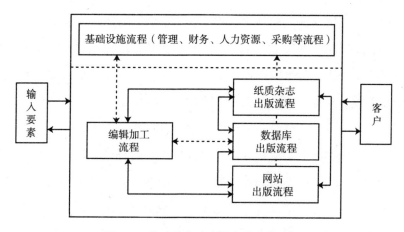

图 2-6　从运营角度去看杂志出版流程

图 2-6 是简化的杂志出版流程，其中省略了"杂志策划""宣传""外联"等职能单元的流程。图中大方框代表了杂志社总流程，里面被虚线分成上下两个部分，上方是支持流程，含管理、财务、人力资源和采购等流程；下方是从编辑到出版的四个流程，其中出版分三个部分，分别是纸质杂志出版流程、数据库出版流程、网站出版流程。

我们可以从两个层面上理解图 2-6 的流程。图中大方框代表把杂志社作为一个整体流程来看待。从这一层面上看，杂志社需要外部资源的输入，并为外部客户生产三种杂志。来自外部资源的输入要素，是杂志社流程所使用的资源，包括稿件（含投稿）、员工、管理人员、资金、设备、设施、材料、服务、办公场所和电力能源等。输出则是为各种客户制作的三种形式的杂志，即纸质杂志、数据库出版杂志和网络杂志。数据库出版杂志是结构化的电子杂志，适于需要深入查询杂志内容的客户使用。这里我们看到，从运营角度出发画出的流程视图，简化了工作流方面的细节，但却细化了组织运营方面的细节。

现在我们再从大方框向里面看，可以看到更为详细的流程图：杂志社有五个流程（许多其他流程没有表示出来，支持流程被看作一个流程），这五个流程都是杂志社总体流程的子流程（或称嵌套流程）。编辑加工流程，包括杂志内容的编辑、加工和制作工作。纸质杂志出版流程、数据库出版流程和网站出版流程，分别包含了三种媒介出版的工作内容，三个出版流程最终把不同形式的杂志交付给用户。支持流程（管理、财务等）为以上四个工作流程提供管理、财务、人力资源等方面的支持。图中的箭头，指出了流程之间的信息流和工作流，同时还标出了对绩效的反馈。

对杂志社内部的五个流程进行观察，可以看到每一个流程都有输入和输出。在流程层面上，我们看到输入既可以是前面提到的外部资源，也可以是从其他流程得到的特定输入，这种输入是完成流程任务所需要的。例如，编辑加工流程的输出就是三个出版流程的杂志信息输入。各出版流程所需的输入数据性质不同，例如数据库出版流程对所获取的输入有自己的特殊要求，必须是按照某种特定格式结构化的杂志内容数据，这些数据必须支持各种查询，不能是图片组成的杂志信息。纸质、数据库格式杂志和网站杂志，分别是三个出版流程的输出。支持流程从编辑和出版流程获得财务及其他资源等输入，并提供相应输出。总之，在所有流程之间，一个流程的输出是另一个流程的输入，一个流程出现问题，可能会对另一个流程造成严重影响。

从以上讨论可以看出，任何工作都是有流程的，流程是工作的基本单元。流程涉及到的方面包括营销部门如何进行市场分析、会计部门如何为组织记账、零售商店如何在卖场提供服务，以及制造车间如何完成组装操作等，可以说任何工作无论有意还是无意都一定会涉及流程问题。我们可以把组织中各个部门的工作都理解为流程，虽然这样的理解并不全面，如图 2-7 所示。

图 2-7 显示，组织中的每个部门都有自己的工作流程。图中的虚线，表示各部门之间的流程有着协作关系。从流程的定义来看，每个部门的工作显然都可以理解为完整的流程，这是因为每个部门都有自己的目标组合（即流程期望的一组输出），也有自己的输入，那是为了实现部门的目标而拥有的

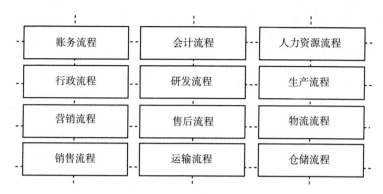

图 2-7 每个部门的工作流程

一系列生产能力资源。部门还有自己的转换工作，就是管理人员和一般员工从事的工作，他们要为自己的绩效负责。

一方面，某些流程，比如医院里的化验流程，其工作可以完全由一个部门完成。另一方面，许多工作流程超出了部门的边界，例如一个患者的诊断治疗流程，就跨越了几个医院部门的边界，挂号、门诊、交费、化验、取药等分别由医院的各部门完成。杂志社的出版流程往往也跨越部门的边界，所以流程的概念比部门更广泛一些。

一个流程可以有自己的目标组合，可以含有跨部门边界的工作流，也可能需要来自几个部门的资源输入。产品开发就是这样的一种流程，它可能需要设计部门、营销部门以及运营部门之间的协调。广告设计也是这样一种流程，也需要几个部门协调工作去完成整个流程。

个人的工作，或他在生活中所做的任何事情，也都是要走流程的，因为很少有什么事情不是为追求某种价值（流程的输出）而做的，也很少有多少事情简单到不必分出先后步骤就能完成，也没有任何事情无须付出（流程的输入）即可完成。

很多人并没有意识到自己是在流程中工作的，有些人感觉自己工作得很随意，并没有走什么流程。例如创业企业的经营就是自发的、非正式的和随意的。然而所有人都是在流程中工作的，感觉自己工作自发而随意的人，要么他走的流程具有很强的多样性，要么他在走一个自发的流程。自发的流程没有经过精心的打造，往往效率低下、浪费资源、经常变动，但在其中工作的人也在进行着一系列的活动，仍然在走流程，只是他并不是在走一个经过精心设计的流程而已。

经过精心设计的流程，其效率往往远高于自发的流程，这从医院和杂志社的流程就可以看得出来。所以流程的优化能够激发出最大的执行力，获得最大的绩效。

每个组织都可以通过其流程上的卓越表现增强其竞争优势。因此，有经验的管理者在确立了一个新目标之后，并不是马上去落实和执行，而是先精心设计好有助于实现目标的流程，为目标打造出一个实现它的最经济有效的价值链，从而为以后配备团队和实现目标打下良好的基础。这个设计流程、打造价值链的过程，就是流程确认。以上面杂志社的流程为例，如果之前杂志社只有纸质出版流程，并没有网站和数据库出版流程的话，那么为网站出版或数据库出版设计新流程，以及将其植入原有的流程体系中的过程，就是流程的再确认。

我们在七步激活执行力的目标确立阶段所做的许多工作，大都是为现在确认流程做准备的。在解剖目标的时候所识别的关键任务，就是为了安排流程中的主要工作单元；所制定的能力计划，是为了在设计流程的时候，给流程设计四个决策要素，也就是为顾客参与度、资源柔性、纵向整合和资本密集度来做参考。我们所界定的责权利，在设计流程的时候，就已经开始匹配到流程的各个环节中去了。我们用来描述目标的那一句话，也是用来告诉人们，现在所设计的流程，它的最终输出到底应该是什么样子的。

为什么确立了目标之后，不马上去落实和执行，而是先跑到这里来确认流程呢？有两个原因：第一，原有的流程代表了原有的目标价值，不一定能够实现新目标所期望的价值；第二，根据执行力的冰山原理可知，在确立了目标之后，先不要急着去落实，而应该先看看冰山下面的执行系统，先调试好实现目标所需的执行系统，让执行系统来为我们实现目标提供最大的助力。

执行系统中有三个系统，首当其冲的就是工作系统。工作系统由两部分组成，即"流程"和"协作"。流程是基础，协作要求团队和人员在流程中工作。与部门相比，流程与组织实际工作方式和价值链的联系更加密切，组织的有效性是由其流程的有效性决定的。为实现新目标设计好了流程，才容易为实现目标组建团队，并把团队和人员安排到流程之中工作。没有流程，团队就无法有序地工作，甚至无法工作。流程为团队规定了它的工作内容，同时为团队人员匹配了责权利，所以任何团队都是在流程上工作的。组建团队一定是根据目标设计的流程来展开的，因为流程是未来工作方式的依据。实践中一般的管理者不清楚这一点，他们是根据任务直接组建团队的，漏掉了流程这一步，执行力就很糟糕。这就是为什么我们确立了目标之后，马上就确认流程的原因，因为流程不但是工作系统的基础，它也是整个执行系统的基础。

流程通过其转换过程创造价值，创造价值的流程以结构化的形式相互连接，一些流程的输出变成其他流程的输入，流程之间相互影响，构成了一个流程系统，形成了一个价值链。

医院给患者看病的流程包含有许多细小的工作流程，上面研究的流程就是一例。这些细小的流程再与医院的许多支持流程相配合，一起构成了整个医院的大流程，也就是医院的价值链。医生护士等医务人员都在流程里工作，他们循着价值链工作。仍然以医院为例，让我们来看一看新的流程是怎样确认的：

某医院为了提高效率，制定了新的目标，准备在全院安装自助预约挂号取号交费机，取消所有挂号窗口，减少收费窗口，这是一个新的目标。确立了目标之后，在采取行动之前，需要进行流程确认，即为医院的流程改造进行流程设计，具体就是重新设计医院的挂号、交费、取号、预约等流程，废除之前的一些流程，如取消全部人工挂号流程和部分收费流程。

在重新设计的流程中，所有挂号取号收费机将连入医院的信息管理系统，与医院原有信息系统内部流程对接，为此所有服务器和联网工作人员的电脑都要更新软件，软件中有新的工作流程安排。新的人员将被派去辅助和指导那些不会使用自助挂号机的患者，门诊分诊护士的工作流程也将改变，其他相关人员的工作流程也将发生不同的变化。之前的许多工作单元（如挂号、收费）会被取消，新的工作单元会被安排到流程之中，有些工作单元的内部操作流程将会改变，这些变化会使医院的效率得到提高。至此，挂号和交费的流程重新设计了，这就是医院进行流程确认的过程。

由以上的讨论可知，流程确认由两部分构成：一是设计流程，二是构建价值链。下面我们先讨论流程确认的第一部分——流程的设计。

（二）流程设计的方法

1. 流程设计概论

流程设计与流程管理是分不开的，流程管理包含着流程设计的内容，即不断地改进流程或再造流程。

流程设计（Business Process Re-Engineering，BPR），即"业务流程重新设计"，于 20 世纪 90 年代初开始兴起，重点是分析和设计组织内的工作流程和业务流程，以帮助组织从根本上重新思考他们的工作方式，从而显著改善产品和客户服务，降低运营成本，在商业价值链中增强组织的竞争能力。

流程设计致力于通过专注于业务流程的底层设计，帮助组织从根本上获得组织结构的重组。根据早期的流程设计倡导者托马斯·达文波特（1990）的观点，业务流程是一组逻辑相关的任务，用于实现预期的业务结果。流程设计强调了对业务目标及其相关流程的整体关注，鼓励全面重新创建流程，而不是迭代优化子流程。

"流程设计"这四个字有一些误导作用，乍看上去它是指从无到有的设计，其实流程设计过程是一个选择的过程，这个选择过程包括了对现有流程的改造和再造。我们知道流程必须有输入要素、资源、工作流和方法等，流程就是对输入要素进行转换，并获得所需产出的过程。流程设计，就是对输入要素、资源、工作流和方法的选择，因此就涉及对现有流程的改造和再造。

例如，要对输入要素进行重新选择，第一步就是要决定哪些流程由内部承担，哪些流程由外部承担。由外部承担的流程，我们就把它的输出作为原材料和服务来购买。流程由自己承担或由外部承担，这两种选择都对现有流程（如果已经有了的话）进行了改造或再造。对于我们当前的目标来说，当有助于实现目标的流程尚不存在时，这种选择才是从无到有的全新过程。此外，流程设计决策还涉及流程能力的问题，即人员技能和设备的适当组合以及人员和设备各完成流程中哪一部分的任务，这其实就是对资源的选择。

流程管理不但包含了流程设计的内容，还包含了流程的维护、运行和其他工作，因此是一个持续不断的活动。

流程设计关系到组织的竞争优势，这很容易理解。例如，两家公司生产同样的产品，使用同样的原料，在此情况下谁更有竞争优势？这就要看谁的流程更有竞争力了——更好的流程把原料转换为产品的过程更有效率。

真实的流程设计是怎样进行的？我们不妨举出三个公司的真实例子，分别是联邦快递公司、沃尔玛公司和杜克电力公司。

（1）联邦快递公司早前的投递服务业务一度非常发达，然而互联网的出现改变了许多公司业务的经营方式，使得联邦快递公司的传统业务需求量减少了。为了在这种变化的环境中保持竞争力，联邦快递公司大力改造业务流程，为此新增了两个业务部门：联邦快递地面运输部门和联邦快递上门投递部门，并在流程上另外投资1亿多美元协调客户公司的物流，最终在一个被互联网重塑了的动态环境中，依赖其成功的运营提高了竞争力。

（2）沃尔玛公司原是一家小型创业企业，通过提升运营基础架构（即流程系统）的竞争力，最终超越了强大的竞争对手。19世纪60年代，在美国零售商总体排行榜上，西尔斯公司排名第一，凯马特排名第二，凯马特同时也是排名第一的折扣零售商。当时沃尔玛只是一家小公司，其总部位于阿肯色州本顿维尔。通过分析市场竞争形势，沃尔玛公司创始人山姆·沃尔顿意识到，虽然沃尔玛不能直接与西尔斯公司和凯马特竞争，但是通过发展物流和信息系统，对工作流程进行大力改进，公司就可以强化自身的优势。如今的沃尔玛已经超过了西尔斯和凯马特，并开发出了卓越的物流和信息系统，这要归功于山姆·沃尔顿对竞争形势的准确判断，即不应只重视产品的竞争，还要着眼于运营系统的竞争。

（3）杜克电力公司的流程改造涉及很广的范围，该公司为近200万名顾客提供送电服务。1995年，负责向杜克电力公司顾客送电的业务单位正在进行流程改造。该单位被拆分成为四个区域性利润中心，各区域副总裁忙于日常事务，几乎没有时间来关心顾客服务流程的改造。另外，即使这些副总裁有时间，也没有跨区域协调的途径。

为了解决这一问题，杜克电力公司为五个关键流程各配置了一个"流程管家"——"流程所有者"。和现有的四位区域副总裁一样，五个流程所有者都直接接受顾客运营主管的领导。流程所有者是高级管理人员，他们对企业流程端到端负责，并将公司的责任和义务融入到更好的流程管理之中。

在新的组织结构中，四位区域副总裁仍然管理自己的员工，而五位流程所有者只有很少的员工。在流程的设计和运行上，流程所有者被授予了很大的职权：他们决定每一个环节的工作方式，然后建立绩效目标，并将这些目标分解到各个区域。换言之，虽然区域拥有用人权，但对各区域的评价却要根据完成目标的情况来进行，而目标是由流程所有者设定的。这种组织结构要求新的管理协作方式，要求流程管理者和区域副总裁在工作上成为伙伴。在整个流程设计和改造的过程中，同一名员工常常参与到几个流程之中，这些流程有时是同时进行的，因此流程之间是有交叉和重叠的。流程所有者发起了流程改造，并持续寻求为顾客增加价值的途径。

由以上三个公司的流程设计（改造、再造）过程可以看出，组织的流程再造工程浩大，往往牵一发而动全身。虽然这是许多组织一直想做的一个课题，但并不是一件容易下决心去做的事情。

2. 流程设计决策

流程设计决策是一项繁重的任务，通常包括了流程设计团队的组建、业务需求分析、构建扎实的 IT 基础设施、有效的流程改造和再造管理及持续不断的流程改进等。目前我们聚焦于具体的流程设计决策，也就是聚焦于流程的改造和再造，此时我们要把注意力集中在流程的以下几个具体方面，分别是结构、合规、顾客、资源、整合和资本，如图 2-8 所示。

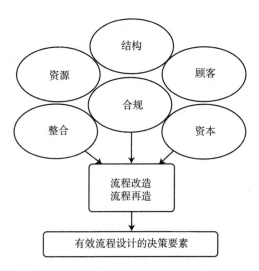

图 2-8　流程设计中的决策要素

图 2-8 中椭圆图形集合标出了流程设计的各种决策，它们都是实现有效流程设计的重要步骤。

（1）结构：即由流程的输出类型决定的流程结构。流程的输出类型共有两种，即有形产品（简称产品）和无形产品（称为服务）。由这两种输出类型派生出三种流程结构，分别是服务流程、制造流程和混合流程。鉴于混合流程其实是服务流程与制造流程混合而成的流程（如麦当劳店内的流程就是混合流程），它可以被拆分成更加单纯的服务流程和制造流程，从而能够分别加以详细研究。因此在流程结构方面，我们只聚焦于服务流程和制造流程这两种结构，并且默认只须关心这两种结构。流程结构揭示了流程的关键特征，不同结构所需资源类型的设计方式不同，资源在流程之间的分配方法也不一样。对于服务流程，其流程结构决策的出发点主要是考虑流程与顾客接触的类型和量级，以决定流程必须服务的重点。对于制造业，流程结构决策的出发点与服务流程大不一样，主要考虑的是产品批量的大小和客户化程度。在决定流程结构的过程中，我们要致力于发现流程结构中可能存在的错误，理解流程与不同结构及其关注重点的联系，从而为流程再造和流程改造铺平道路。

（2）合规：即"环境合规"，指流程设计要符合环境的相关法律、法规、标准和其他要求，如现场作业许可证就是合规的一种。近年来，环境问题已导致全球所有监管环境中的合规要求数量和范围大幅增加。环境问题和合规活动与组织绩效目标密切相关，并促使组织流程在一定程度上进行了整合，以避免与环境的冲突造成资源浪费等。

（3）顾客：顾客如何参与到流程中来？顾客与流程的关系如何？他们是否成为了流程中的一部分？是通过什么途径达到的？顾客参与到流程中的程度如何？这些就是流程设计中针对顾客这一决策要素时要考虑的内容。

（4）整合：流程的整合与组合不同。流程组合是指将相似或相近的活动组合到一起，流程的整合指的则是流程的"纵向整合"（或称"纵向一体化"）。"纵向整合"原本是微观经济学和管理学中的术语，指一个组织的供应链变为该公司所有的一种安排。流程是价值链的组成部分，流程的纵向整合指的是一个组织自己的流程处理上下游整个价值链的程度。整个价值链在流程内部完成得越多，流程的整合度就越高。

（5）资源：人员和设备都是流程的资源。在流程设计中，当考虑到资源时，就涉及资源的灵活性，即资源的柔性。柔性被用作各种类型系统的属性。在流程设计中，它是指当外部变化发生时能够适应的设计。柔性在工程、建筑、生物学、经济学等许多领域都有不同的定义。在流程设计的背景下，人们可以将柔性定义为流程的资源能够及时、经济有效地响应影响其价值交付过程中潜在的内部或外部变化的能力。因此，流程的柔性是流程能够以维持或增加其价值交付的方式对不确定性做出反应的容易程度。不确定性是资源柔性定义中的一个关键因素，因为不确定性可以在一个系统中同时创造风险和机遇，并且随着不确定性的存在，资源和流程的柔性就变得很有价值。具体来说，资源柔性是员工和设备可以处理多种产品、产出水平、职责以及职能的难易程度。

（6）资本：流程中设备和人员技能如何组合，就涉及资本密集度的问题。流程的资本密集度，是指与流程中设备和劳动力有关的固定资本或实际资本的数量。通常情况下，流程中的设备成本往往比劳动力成本高。因此在流程设计的层面上，可以通过资本（在一定程度上表现为设备）与劳动力的比率对资本密集度进行估算。设备成本相对越高，则资本密集度越高。

下面将分别讨论以上几种流程设计决策要素。这里强调一点，若要对以上几种流程设计的决策要素进行最好的理解，就要把组织中的流程分解开来去理解，在流程和子流程的层次上去理解。整个组织的运营也是一个流程，只不过它是许多子流程结构化组成的价值链。其实价值链也是一种流程。

3. 结构

如前所述，流程结构共有两种，一种是服务流程，另一种是制造流程。为什么要对服务流程与制造流程进行区分呢？原因是各个决策要素的确定都是为了竞争力的需要。这里进行结构区分，主要是服务与制造的特点不一样。服务流程与制造流程之间有两点重要区别，一是流程产出的性质不同，二是顾客接触的程度不同。

从流程产出的性质看，服务流程倾向于提供隐形的、不易储存的产出，我们称之为服务；而制造流程生产物质的产出品，我们称之为产品。

从顾客接触的程度看，服务流程有较高的顾客接触度。例如，顾客接受定制产品时与制造厂家充分沟通，在超级市场购物时扮演着主动角色，在医疗门诊时与医务人员密切接触，因为他们要求对特定的服务或产品进行沟通。而制造流程顾客接触较少，甚至没有，与顾客接触的流程主要是零售商或分销商。例如，手机是根据对市场需求的预测进行生产的，生产流程很少需要来自你我这样的最终消费者直接接触。但是，在顾客接触基础上区分服务流程与制造流程并不一定是绝对标准。有些服务流程是低顾客接触度的，比如后面将要介绍的"后台流程"。同样，一些制造流程也需要高度的顾客接触，比如顾客定制产品。

虽然我们将服务流程与制造流程进行了区分，但这两者之间仍然有许多相同之处。从企业层面看，服务提供者不仅仅只提供服务，制造商也不仅仅只提供产品。

例如，麦当劳的顾客会同时期望得到良好的服务和可口的食品。购买手机的顾客期望得到好的产品，同时也期望得到好的保修、维护以及更换服务。

管理者若要设计一个性能良好的流程，就要先对选择流程的结构类型进行决策，看看所需要的流程是提供服务还是制造产品。我们所确立的目标，如果是为了提供服务，那么我们所要设计的流程就是服务流程；如果是为了制造产品，那么我们所要设计的流程就是制造流程。

（1）服务流程。政府、学校、银行、邮局、医院、快递公司等服务型组织面向顾客提供服务的流程都是服务流程。例如，一家贷款部门的产出可能是房屋贷款，而快递公司的产出则可能是信件或包裹的投递。服务流程的产出，一般不是物质产出品，无法放入库存，也无法依据库存来应对顾客的不同需求。服务流程在商业界比比皆是。根据主要工业化国家的统计数据判断，有80%的就业岗位由服务行业提供。

服务流程的特点是与顾客的接触程度较高。在组织的内部也存在服务流程。人力资源，财务等部门的工作流程就是服务流程，他们为组织内其他人员提供服务。

（2）制造流程。制造流程生产物质的产出品，我们称之为产品。例如，一条装配线生产红旗汽车、服装厂流程制作服装、炼钢厂流程生产钢材、手机生产流程生产手机等，所制造的产品要么可以放入库存，要么直接摆放在商店里出售，订制产品则直接售出。通常，根据对未来需求的预测或根据客户订单，制造流程需要对产品进行生产、储存和运输。此外，许多制造流程的产出，为服务流程提供了大量的服务机会。

制造流程的特点是将物料转变为具有物质形态的产品。制造流程中的转换过程可以改变物料的物理或（和）化学性质。例如，在改变物料的物理性质方面，可以改变物料的形状，可以对部件进行加工以使其达到固定的尺寸，也可以进行表面处理，对零部件和其他物料进行组装等。对于复杂的流程来说，在每一类转换中又有更加专业化的子流程，以改变物料的物理或化学性质。这些子流程可以是化学反应流程、冷加工流程、热加工流程、热处理流程等。

服务行业有些也有制造流程，这要从该组织的流程细节去看。例如麦当劳烹制食物的流程就是制造流程，因为它改变了物料的物理性质。在麦当劳的店中我们可以看到，用小圆面包做成汉堡包的流程就是制造流程，这一流程将不同的物料组装在一起。但是，麦当劳大多数的流程是服务流程，这些流程有些是顾客可见的，有些是不可见的。

4. 合规

合规即"环境合规"，即流程要适应环境。当今，对于任何组织来说，流程设计的前提原则就是遵守环境的要求。

所有组织都是在特定的环境中运营的，所以都必然会受到环境的约束。这种约束在宏观上表现为政府的法律、法规、标准和其他要求，在微观上则表现为组织的内部环境（如规章制度等）的约束。

流程设计的前提是必须考虑政府的法律法规，例如必须考虑到健康、安全、环保等方面的因素。所以在流程的设计过程中，必须增加健康、安全、环保等方面的设计，尤其在生产流程中，必须考虑流程的环保特性。这些是流程设计中合规方面的宏观考虑。

在微观上，合规还要考虑到组织的内部制度和职业道德等，所以概括地说，合规包括三个方面：第一，遵守法规，即遵守法律与法规；第二，遵守规制，即遵守组织内部的规章制度；第三，遵守规范，即遵守职业操守和职业道德。

为了达到合规的要求，流程设计需要满足一定的条件，通常包括三个方面：第一，需要有监测计划或工作规范，以确保环境合规监测活动确实在正确的位置、以正确的参数和正确的周期获得了执行。第二，需要合规数据的预处理机制，对合规的相关数据进行计算和测评，以获得用以进行反馈的警报或报告。第三，需要合规反馈机制，为政府或组织的合规部门生成常规的合规报告。

在当今自动化和智能化的潮流之下，日益复杂又耗时的合规管理工作，使许多组织越来越多地采用旨在管理环境合规性的软件系统，这种系统通常被称为"环境数据管理系统"（EDMS）。选择环境合规软件时，应该考虑以下这些标准：经验证的软件能力，高性能、透明、可跟踪的数据处理，强大的计算引擎，先进的合规因素处理，简单的集成，自动化的工作流程和质量保证，灵活的报告和数据提取等。符合这些标准的合规软件，能够很好地协助组织做好合规工作。

合规是一个很大的话题，它包括"环境、健康与安全"学科（是研究和实施环境保护和工作安全实践方面的一门学科和专业）、合规会计（会计主体的一个子集，目标是将经济信息和环境信息结合起来）、排放标准（对大气污染物排放的法律要求）、环境认证（环境法规和管理的一种形式）、环境数据（基于环境压力、环境状况和对生态系统的影响的测量）、环境监测（描述和监测环境质量所需的过程和活动）等。限于篇幅，本书就不予展开了。

5. 顾客

顾客是流程设计策略中非常关键的决策指标。在流程设计中，当涉及顾客时，我们最关心的其实是顾客参与，它反映了顾客成为流程一部分的方式以及顾客参与到流程中的程度。当顾客接触度很高（或应该很高）时，顾客参与对服务流程就十分重要了。

提高流程的顾客参与度可以改善顾客的感受。对于服务性组织来说，总是希望采取各种办法以改善顾客的感受。一个常用的办法是让更多流程对顾客是可见的，比如在许多回转寿司店里，流程设计的一部分就是使顾客能够看见通常看不到的寿司制作流程。顾客一边用餐，一边可以看到员工们在卫生整洁的地方制作食物，顾客可以直接选取喜欢的寿司或调料。

提高顾客参与度，并不一定总是一个好主意，有时可能会影响服务的质量。在有些流程中，例如在修理手机的流程中，使顾客更主动地接触可能只会带来干扰，降低了流程的效率。如果顾客参与意味着要求顾客出现在现场，此时顾客可能就要决定服务提供的时间和地点流程就会变得复杂。当顾客接触较高时，处理每一个顾客独特的需求会使流程更加复杂和多样化。如果顾客亲自到达现场，并期望立即得到服务的话，对顾客需求的时间进度和批量的把握就成为更大的挑战，质量测评也更加困难。较高的顾客参与度，会使服务设施和员工呈现在顾客面前，流程与外部影响之间不再有任何的缓冲，这样服务提供者的生产率会下降，成本会上升。另外，提高顾客参与度，意味着员工必须拥有较高的人际交往技能，但是较高的技能水平是要付出代价的，人力资源部门将花费更多的精力寻找符合条件的人员，也要对这样的员工付出更多的薪水。提高流程的顾客参与度，在投资方面也会增加负担。例如，为控制顾客的感觉，组织可能需要在设施的布局方面进行投资等。

尽管存在上述种种不利因素，但是顾客参与度高的流程也有其好处，一是让顾客获得更多获得感，二是可以提高组织的竞争能力，三是对于有些流程来说还可以降低成本。

在提高顾客的获得感方面，有些顾客寻求主动参与，希望对服务流程进行控制，特别是当他们能够砍价或能节省时间的时候，他们就更希望参与到流程中来。管理者必须判断和评估提高顾客参与是不是利大于弊，还要详细了解可能使用到流程中的新技术。

在提高组织的竞争能力方面，更多顾客参与可能意味着更好的质量、更快的交付、更大的柔性以及更低的成本，这些流程方面的改进将根据具体情况而有所侧重。当顾客希望更加主动地参与、并受到更多的个人关注时，某些服务的质量可以得到改进。顾客可以与服务提供者面对面地交流，可以提出问题、当场提出特定的请求、提供附加信息甚至提出建议等，房屋中介就是典型的例子。较高的顾客参与度，会在顾客与服务提供者之间建立更加密切的关系。另外，顾客参与可以加速交付过程，至少可以减少所感觉到的等待时间。家装行业的顾客参与度很高，用户定制设计和定做产品，顾客大量参与到设计流程中，并经常对正在制造的产品或提供的服务进行检查，这个过程既提高了顾客的获得感，也提高了组织的竞争力。

在降低成本方面，其实顾客参与并不总是提高成本的，有一些方法可以用来降低成本，自助服务就是一种方法。例如，现在很多银行提供自助服务业务，中国工商银行、中信银行和中国农业银行里可以见到许多这样的自助服务；其他组织也越来越多地提供自助服务，如加油站或超市的自助服务等。自助服务这种方法的好处很明显，它用顾客自己的努力来代替服务提供者的工作，在提高顾客参与度的同时又降低了成本。

许多产品制造商，如玩具、自行车和家具生产商等，也可能更愿意让顾客来完成最后的组装。因为这样一来，其产品、运输和库存的成本通常要低一些，由于损坏而造成的损失也要小一些，并且其节省的成本通过低价转移给了顾客，制造商和顾客皆大欢喜。

6. 资源

员工、设施和设备是流程的资源。如前所述，在考虑流程的以上三个因素时，都涉及资源的灵活性，即资源的柔性。像考虑顾客接触度一样，在拟定资源柔性决策时，也要考虑流程的多样性和不同的流程流向。一些流程有高度的任务多样性，同时伴随混杂的流程流向，比如项目流程或较高顾客接触度的服务流程等，这就要求流程的资源——即员工、设施和设备——更具有柔性。"更具有柔性"的意思是员工像"多面手"一样，需要完成多种职责；设备也一样，必须是通用的，可以完成多种转换工作。如果员工只能完成一两种职责，设备又是专用的，那么资源柔性就低了。从运营的经济性角度考虑，资源柔性低的话，有时意味着会降低资源的利用率。

由于员工和设备都是资源，所以资源柔性要分两个方面考虑：一方面是员工，也就是劳动力；另一方面则是设备。

在劳动力方面，运营管理者必须决定是否要拥有"多面手"，也就是拥有柔性劳动力。柔性劳动力员工能够承担多种任务，这些任务既可以是在自己的工位上完成，也可以是从一个工位移动到另一个工位上完成，可以在外部世界完成（如记者），也可以在家里完成（如作家）。然而这种柔性通常是有代价的，它要求更高的技能，因而也要求更多的培训和教育，流程的许多部分也采取了个人工作方式。但是，柔性劳动力收益也是巨大的。劳动力柔性可以是完成可靠的顾客服务，也可以突破能力瓶颈限制。

有些流程非常复杂，例如其特点是小批量的生产、多样性的任务、混杂的路径和变动的计划等，劳动力柔性可以帮助调节这些复杂性所引起的个人忙闲不均的工作负担。

劳动力柔性还涉及批量柔性。比如，当流程允许有平滑、稳定的产出速度时，就可以选择正常的全职雇用的固定劳动力。如果流程面对的是以小时、天或季节为单位的需求上的峰谷波动，用一些非全职或临时性的柔性强的员工，让他们作为少量的核心全职员工的补充，这样就可以满足流程的需要。但是，当对知识和技能要求太高、而临时员工又无法快速掌握这些知识和技能时，这种方法可能就不适用了。

在设备方面，如果生产的批量小，意味着流程设计者应该选择具有柔性的通用设备。如果批量小，客户化程度高，这时就要求廉价的通用设备，这样可使设备投资少，固定成本较低。相反，当流程批量大，且客户化程度低时，专用设备往往是最佳选择，其优点是可变成本低。当客户化程度低时，由于可以专门为少量的产品或任务而设计设备，因而可以实现高效率运行。为流程配置专用设备的缺点是设备投资大，固定成本较高。当年产量足够高时，这些固定成本被分摊到更多的产品中去，这样的流程设计就是合算的。

7. 整合

流程的整合主要是指纵向整合，因为横向整合往往意味着组织已经拥有了相应的流程资源。流程的纵向整合，指的是一个组织自己的生产系统或服务设施处理整个价值链的程度。以肯德基和麦当劳为例，他们店里既没有养鸡场也没有面包房，鸡肉和汉堡都是外包的，这方面的纵向整合度就较低。淘宝的物流几乎都是外包的，京东的物流是自给自足的，前者纵向整合度低，后者纵向整合度高。

纵向整合涉及到外部流程。所谓"外部流程",是指内部主体只接受外部的产出,而投入、转换和产出等所有环节都是由外部完成的。把外部流程整合到内部流程中来,就是提高了纵向整合的程度;反之,把内部流程外包给其他组织,则降低了纵向整合的程度(见图2-9)。

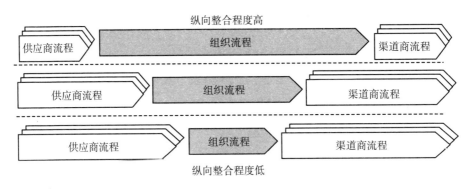

图 2-9 纵向整合与外部流程

图2-9中,供应商流程和渠道商流程都是外部流程,分别属于供应商和渠道商的价值链,组织流程是内部流程,属于组织的价值链。在上中下三种选择中,最上面的一层,组织把供应商和渠道商的部分流程整合到了内部流程,纵向整合程度最高;最下面的一层则相反,把内部流程的一部分分别外包给了供应商和渠道商,降低了纵向整合的程度。

为什么需要对纵向整合进行决策?因为对任何企业来说,至少都要从其他生产者手中购买一些流程的输入要素(如专业化服务、原材料或零部件等)。比如为麦当劳生产面包的企业,要购买面粉、食糖、黄油和水这一类的原材料。管理层此时要考虑的是价值链从头到尾的全部流程,即从原材料采购或外部服务到成品或服务的交付之间所完成的全部流程,在这个基础上做出有关纵向整合水平的决定。

在价值链中,一个组织自己完成的流程越多,其纵向整合度就越高。当有些流程不是自己完成时，就必须依赖外包，也就是向供应商或分销商支付费用，由他们完成这些流程，并提供所需要的服务和物料。所以，当管理者选择较多的纵向整合时，外包就比较少。外包少就是自制的多，自制决策意味着更多的整合，而外购决策则意味着更多的外包。在决定了哪些部分外包，哪些部分自行生产后，管理层必须找到协调的方法，将各种流程与相关的供应商整合在一起。

纵向整合的优点，即为较多外包的缺点。同样地，较多外包的优点，也正是较多纵向整合的缺点。纵向整合的优点之一，是有时可以从另一种途径提高市场份额，例如一家企业通过纵向整合更容易进入国外市场，这样可以在全球化竞争中占到优势。外包也有它明显的优点，例如淘宝的物流和麦当劳的面包，这样的外包可以使企业专心于自己的强项。

8. 资本

如前所述，当考虑流程的资本投入时，实际上主要考虑的是资本密集度。资本密集度指的是流程中设备和人员技能的组合。如果在设备与人员的组合之中设备的相对成本较高，则资本密集度就较大。

资本密集度涉及流程中的自动化和智能化。"自动化"指的是自行运转并自行控制的一个系统、流程或一部分设备。"智能化"是在网络、大数据、物联网和人工智能等技术的支持下，所具有的能动地满足生产、商业和个人各种需求的系统、流程或设备。"智能化"是未来社会发展的大方向，然而在这方面的资本投入无疑也是巨大的。自动化和智能化都被认为是赢得竞争优势的重要条件，但两者自身也有优点和缺点。因此，对自动化和智能化的决策要进行仔细的研究，并且要分别对制造流程和服务流程两种结构的自动化和智能化进行研究。

在自动化智能化方面，以吉列公司为例，1998 年 4 月，吉列公司宣布一种新型三刀片剃须刀 Mach3 问世。这个产品花了 6 年研究时间，耗资 10 亿美元开发成本。它在生产线和机器人方面投资 7.5 亿美元，形成了年产 12 亿件 Mach3 剃须刀刀头的生产能力，设备复杂而且昂贵，资本密集度很高。公司计划头一年花 4.3 亿美元为这一新产品做广告，其信心来自于诸多技术革新，例如其中一项是在薄薄的刀片上镀上一层细细的碳精粉。这一工艺是从半导体技术中借鉴而来的，它使刀片的强度达到钢的 3 倍。幸运的是，由于对 Mach 3 的大量需求，吉列的核心产品刀片和剃须刀在全世界的销售额增长了10%。用设备和技术来代替劳动力，已成为制造流程中提高生产率和质量一致性的经典方法。如果投资成本很大，当批量大时，自动化和智能化就能发挥最好的作用。

在智能化方面，由于其属于当代科技的最前沿领域，随着信息技术的不断发展，其技术含量及复杂程度越来越高。智能化的概念已经逐渐渗透到各行各业，并扩展到生活中的方方面面，如相继出现的住宅智能化系统、医院智能化系统、智能商城、智能导航、智能家居等。以智能化医院为例，由于其功能复杂、科技含量高，设计涉及到建筑学、护理学、卫生学、生物学和工程学等科学领域，加之医学发展快，与各种现代的高新技术相互渗透和结合等，使医院的智能化必须结合通信自动化（CA）、办公自动化（OA）和楼宇自动化（BA）系统，实现系统的集成，因此资本密集度是非常高的。

对服务流程来说，也可以利用资本投入作为节省劳动力的手段。例如，在英语和其他教育企业中已经广泛采用远程学习技术来取代传统教室了。

9. 流程变革战略

以上主要的流程设计决策代表了流程设计的整体性和战略性问题。在这些决策制定出来后，必须将其转换到实际的流程设计或者流程的再设计之中。所谓流程设计，可以归纳为两种不同却又互补的原则：一是流程再造；二是持续性的流程改造。下面我们先对流程再造进行讨论。

（1）流程再造。就是对流程进行根本性的再思考和彻底的再设计，从而使成本、质量、服务和速度等方面的绩效获得重大的改善。流程再造通过专注于业务流程的底层设计，帮助企业从根本上重组其组织。流程再造强调了对业务目标及其相关流程的整体改造，鼓励全面重新创建流程，而不是迭代优化子流程。也就是说，流程再造指的是对原有流程彻底地改头换面，而不是小步改进。

流程再造是一种十分强硬的手段，并不一定总是必须的，也不能保证必然成功。巨大的变革几乎总是伴随着阵痛，其表现形式为生产的中断以及大量的现金流出，许多钱都投资在信息技术方面了。但是，流程再造可以带来巨大的回报。典型的例子是大西洋贝尔公司，它对旗下的电话业务进行了流程再造，经过 5 年的努力之后，将接通新客户的时间从 16 天缩短为几个小时。这一变革使其裁减了两万名员工，但是公司却明显地更具有竞争力了。

流程再造的对象是组织的核心流程。由于工程浩大，所以需要强有力的领导，跨职能团队的支持和信息技术的配合。在这个过程中，不但需要把过去的流程推翻重来，还需要对当前的流程进行仔细的分析。限于篇幅，本书就不加细述了。

（2）流程改造。为了对流程进行改进，我们对每个流程中的活动和流向进行系统化的研究，这就是流程改造。流程改造是流程管理重要且永恒的组成部分，后者是运营管理中的一门学科，人们使用各种方法来发现、建模、分析、度量、改进、优化和自动化业务流程。流程改造的目标就是提高组织绩效。以某医院改造挂号流程为例，并没有完全废除之前的流程，而是用自动挂号机替代了之前的一些人工操作。流程改造的目的是为了理解流程的详细情况，以便对流程加以发掘。一旦对流程有了真正的理解，就可以对它进行改造。

市场竞争要求组织以更低价格提供更好质量的产品或服务，这种压力要求组织必须不断地审视其运营的各个方面，必须不断地提高生产率，这也就意味着不断的流程改造。也就是说，无论是否对一个流程进行再造，流程改造都需持续不断地进行。

在流程改造的过程中，对流程的每个方面都要进行研究和分析，列出尽可能多的解决方案。指导原则是，要相信流程能够被改造，流程中的每种活动，总有更好的方法去替代它。

为了做好流程的改造工作，要动员员工参与进来，因为他们自己就在流程中工作，对现有流程最熟悉，对流程的改造也最有发言权。要相信每个人都可以找到一些方法，这些方法可以对流程进行许多改进，例如可以平滑工作任务、压缩整个流程、剔除高成本的物料或服务、改善环境或使工作更安全等。这是一个持续不断的过程，会一直持续到相关的流程被废除，人们转而工作于新的流程中，此时人们又会持续地对当前的流程进行不断改造了。

10. 流程设计总结

至此，我们已经讨论了流程设计的总体方法，其宗旨就是，在流程设计之中，不但要考虑各项任务单元的程序和相互关联，还要考虑流程的结构、合规、顾客、资源、整合、资本等诸要素，流程变革的战略包含了流程的再造和改造。面对上述决策因素，流程设计肯定是一个劳心费力的过程，但却是值得我们去为之付出劳动的过程，因为它是我们实现目标、激发系统执行力的关键设计过程。

（三） 用矩阵法确认流程的结构

1. 矩阵法简介

前面已经说过，流程有两种结构，服务流程和制造流程。根据流程的不同复杂程度，每种流程结构又可以分出若干种流程类型。例如，服务流程可分为前台流程、混合流程和后台流程三种类型。制造流程又可分为项目流程、作业流程、批量流程、线性流程和连续流程五种类型。选择使用什么样的流程类型，也就基本上确认了流程的复杂程度、资源投入、流向结构和工作单元互动等流程特征，对流程的细节设计具有重要的参考和指导作用。

流程的总体设计思路，都是尽量简化流程的复杂程度，节约资源并提高工作效率，从而激活最大的执行力以获得最佳绩效。因此在设计之前选择流程的类型相当重要。使用矩阵法可以比较方便地选出适合具体需要的流程类型。

我们在这里提供两个矩阵，一个是为选择服务流程类型提供的"服务流程结构矩阵"，另一个是为选择制造流程类型提供的"制造流程结构矩阵"。

　　在兼顾流程设计诸要素的情况下，服务流程的设计决策主要考虑的是顾客接触度和客户化程度，制造流程的设计决策则主要考虑产品的批量。两者的决策侧重点是不同的，如图2-10所示：

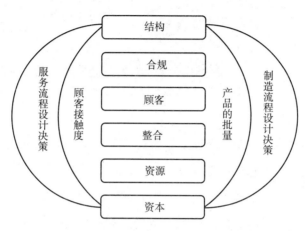

图 2-10　两种流程结构的设计方略

　　下面我们讨论两种矩阵的使用方法。

　　（1）服务流程结构矩阵。如图2-11所示，服务流程设计有三种"套餐"，分别是"前台流程""混合流程"和"后台流程"。图中，矩阵将顾客接触度、服务设计套餐及流程三个典型特征结合在一起，使所要提供的服务与服务的交付流程同步。该矩阵是进行流程评价和流程改进的出发点。

　　在图2-11中矩阵的横向维度方面，从顾客接触、服务设计等角度表示所提供的服务，其中一个关键因素是要有多大的客户化程度。矩阵的左侧，代表了与顾客高度互动的服务，顾客更可能到达现场并进行主动接触，这要求更高的客户化程度。在这种情况下，流程对顾客是可见的，顾客会受到更多的个人关注。矩阵的右侧是与顾客低度互动的流程，代表了低顾客接触度，顾客可能被动参与到流程之中，但得到较少的个性化关注。这样的流程往往是顾客不可见的流程。

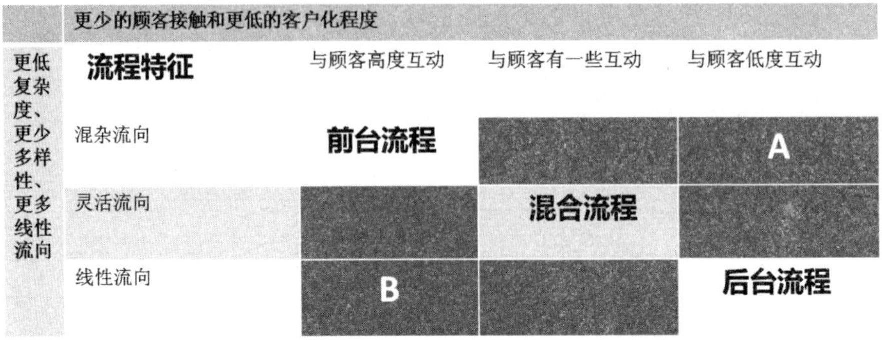

更少的顾客接触和更低的客户化程度			
流程特征	与顾客高度互动	与顾客有一些互动	与顾客低度互动
混杂流向	前台流程		A
灵活流向		混合流程	
线性流向	B		后台流程

(纵向标注：更低复杂度、更少多样性、更多线性流向)

图 2-11　服务流程顾客接触度矩阵①

　　矩阵的纵向维度涉及到流程本身的三个特征：一是复杂度；二是多样性；三是流向。可以根据这三个维度对每一个流程进行分析。

　　流程复杂度，指的是流程所包含的步骤有多少以及每个步骤的复杂程度。例如一家期货公司申请开户的流程，由于包含有多个步骤，其中投资经历提问等步骤又十分繁琐，因此流程的复杂度是比较高的。而申请开户流程中有一个嵌套子流程——上传身份证，由于它仅仅是开户流程中的一部分，包含较少的步骤，因此这一流程并不复杂。同理，嵌套在开户申请中的一个子流程是阅读用户协议，这一流程的复杂度更低，它仅仅是整个申请开户流程中的一小部分。如果流程中的步骤由同一个服务提供商完成的话，将这些步骤集中于一个定义较窄的嵌套流程，这样可以减少需要完成的步骤。但是，如果流程中的步骤是错综复杂的，那么，即使只有几个步骤，也可能是很复杂的。

　　流程多样性，指的是流程完成方式的多样性。这种多样性的产生，往往是高度客户化造成的，高度客户化在相当大的范围内影响流程的完成方式，其影响的程度就是流程多样性。如果去工商银行咨询业务，由于每一位顾客的需求不同，提供咨询服务的过程也就不同，因此流程是高度客户化的。也

---

　　① 原图引自李·克拉耶夫斯基和拉里·里茨曼所著《运营管理——流程与价值链》一书（人民邮电出版社，刘晋、向佐春译）。本图是照原图重画的。

就是说，如果流程随着每一位顾客而改变的话，则每一次服务的完成实际上都是独一无二的。银行咨询服务的高度客户化在咨询业中是很普遍的，可以看到流程中有许多步骤，并且这些步骤随每位顾客而改变，因此具有高度的多样性。

与多样性密切相关的一个问题，是顾客、对象或信息是怎样经过流程设施的。流程流向，是工作在流程各步骤所形成的序列中前进的方式，可以从高度多样性到线性，分为多种类别。

线性流向，指顾客、物料或信息按照固定的顺序，从一道工序线性地移向下一道工序。当多样性程度较高时，工作流呈现出混杂的状态，一位顾客的路径常常与下一位顾客要采取的路径相互交叉。当多样性程度低且流程标准化时，线性流向是自然的结果。例如在医院中，入职体检流程就是线性流程。诊断流程的复杂性就会因人而异，因为医生的服务可以是很复杂的。这一流程也可以是多样的，医生根据诊断中收集的信息来决定治疗步骤，然后采取一种或多种行动。患者可能根据不同情况被引向不同的检查区域，这样就产生了混杂的流向而不是线性流向。

有些服务虽然复杂度低，但多样性程度却很高。例如，一名教师仅仅只是传授知识，但在实际中使用的方法却可以是高度个性化的，并且根据所涉及的主题的不同而变化。因此，图 2-11 中 A 点的流程是不应该存在的，该流程提供的服务是与顾客低度互动的标准化服务，为这样的服务设计混杂流向的复杂流程不合适，把简单的问题复杂化了，会造成资源的浪费，降低工作效率，所以这样的流程是不应该存在的。同理，B 点的服务流程也不应该存在，这是为与顾客高度互动的服务设计线性流向的简单流程，这样的流程肯定无法处理具有许多例外的复杂工作，很可能无法提供所需的服务。

（2）制造流程结构矩阵。如图 2-12 所示，该矩阵将批量、产品设计及流程这三种要素结合在一起，以使所要制造的产品与制造流程本身相吻合。

好的制造流程设计，最重要的流程特征是取决于批量的。至于顾客接触度，它虽然是服务流程结构的首要特征，在制造流程中却通常都不予考虑。

流程特征	依据客户订单制造一件产品	小批量的低标准化产品	中批量的多品种产品	大批量的少品种产品	大批量的标准化产品
高度客户化的流程	项目				
混杂的流向		作业			
不相连的线性流向			批量		
相连的线性流向				线性	
重复性的连续流程					连续

更低客户化和更大批量

更低复杂度、更少多样性、更多线性流向

图 2-12　制造流程结构矩阵

不过，有时也可能有一些例外，比如说定制一台汽车或飞机，其制造流程要生产高度客户化的产品，并伴随有主动的外部顾客接触。

对许多制造流程来说，产品的高度客户化，意味着在流程中有许多步骤的小批量。如果高度强调客户化、顶级质量和产品多样性，那么可能的结果就是，在制造流程的所有特定步骤中降低批量。

制造流程结构矩阵的纵向维度涉及的内容，与服务流程结构矩阵中的三个特征相同：复杂度、多样性及流向。正如在服务流程中所做的那样，对每一个制造流程也要根据这三个维度来进行分析。

在图 2-12 中有几个"流程选择"，这些选择将所制造的产品与流程有效地联系起来。所谓流程选择，就是流程的构建方法，可以围绕流程来组织资源，也可以围绕产品来组织资源。例如将所有的铣床集中在一起，对所有需要使用这种设备的产品或部件进行加工，这就是围绕流程组织资源的例子。医院的化验科室也是一个围绕流程组织资源的例子。而围绕产品组织资源，则是指将特定产品所需的所有不同人力资源和设备集中在一起，并使这些资源和设备专门用于该种产品的生产。

如图 2-12 所示，有五种流程可供管理者选择，这五种选择形成一个连续系列，分别是项目流程、作业流程、批量流程、线性流程和连续流程。与服务流程结构矩阵一样，如果制造流程的定位远离对角线，位于最暗阴影的位置里，是不大可能获得最佳性能的。图 2-12 所提供的基本信息就是制造流程的最佳选择取决于流程的批量以及所要求的客户化程度。

流程选择可以应用于整个制造流程，也可以仅仅应用于嵌套于其中的一个子流程。例如，流程中的一个步骤，可能是加工某种专门零部件的作业流程，而下一个步骤则可能是线性流程，这个线性流程把前一步骤加工的零部件，与其他零部件和物料一起组装成最终产品。

下面我们讨论一下制造流程这五种选择之间的区别。

项目流程：其特征是产品的客户化程度高，每件产品涉及的领域广，并且流程一旦完成，就要释放重要的资源。比如为一家电力公司生产发电设备的流程就是项目流程，所生产的设备有许多客户化的要求，如产出率、消耗的燃料种类以及环保装置等方面的设计要求，都要满足顾客的特定要求。

项目流程与三种流程特征相联系，即高度客户化、每种产品仅此一件、专门为顾客的规格标准而设计。项目流程位于制造流程结构矩阵的高度客户化、"制造一件产品"一端。这种流程既复杂又具有多样性，实施步骤及顺序具有狭窄的用途，专门用于生产客户化产品，或用于产品中一个部件。

项目流程并不只局限于制造业，在大多数的服务型组织中也可以存在项目流程。例如建设一个购物中心，计划一项重大事件，开展一次政治运动，制定一套综合培训计划，建造一座新医院，进行一项管理咨询工作，为一家大型保险公司租赁或建设一项设施，或组建一个小组来完成一项任务（如做课程项目的学生小组），等等。这些都不是制造流程，但却无疑具有项目流程的特征。

作业流程：作业流程产生小批量生产多种产品所需的柔性，所完成的步骤具有相当大的复杂度和多样性。例如为客户化订单加工金属铸造件或生产客户化的空调等。它的客户化程度相对较高，且任何一种产品的批量都很小。但是其批量又不像项目流程那么小，因为项目流程本身就不从事大量生产。在作业流程中，劳动力和设备都具有柔性，以应对相当大的任务多样性。作业流程主要是围绕流程本身来对所有类似的资源进行组织，而不是将资源分配给特定的产品。作业流程将能够胜任某些类型工作的设备和工人集中在一起。有些提供服务的前台流程可解释为作业流程，比如提供急救室护理的流程。

批量流程：批量流程在批量、品种和数量上与作业流程不同，其主要的区别是批量要大一些，这是因为在流程中重复生产相同或类似的零部件。例如，为某些固定设备或组装线制造标准组件，即提前对一些用于组装最终产品的零部件进行加工，这就是一种批量流程。这一流程制造出来的标准组件，之后将在组装线上或在某些生产固定设备的流程上使用。有些混合流程可以被看成是批量流程，比如说为一个团体安排日本旅游计划、一些购房贷款的子流程、一家进口商的订单履行流程等。

线性流程：线性流程批量大且产品是标准化的，这样可以围绕特定的产品来组织资源。由线性流程生产的产品包括计算机、汽车、家电和组装玩具等。在这种流程的线性流向中不存在很高的多样性，而且在加工步骤之间也很少持有库存。在线性流程中，每一个步骤都是一次又一次地加工相同的产品，所制造的产品几乎没有可变性。

与项目流程和作业流程的情况不同，线性流程的生产计划不直接与顾客订单相联系。标准化产品在需要之前，就提前被生产出来并作为库存持有了，这样便于在顾客下达订单时立即交货。在许多后台流程中，可以找到服务业线性流程的实例，其顾客接触度是很低的。

连续流程：连续流程是大批量标准化生产的一个极端，具有固定的线性流向，流程的多样性可忽略不计。连续流程这一名称来源于物料沿流程移动的方式。例如石油提炼、化学处理以及制造钢铁的流程。通常，一种主要的物料（如液体、气体或粉末）会在连续流程中不停地移动。

连续流程看起来更像是一个单一的实体，而不像由一系列相互紧密连接起来的步骤构成的流程。连续流程常常是资本密集型的。为了达到利用率最大，避免昂贵的停机和开机操作，连续流程往往24小时不停地运转。

2. 矩阵法小结

通过以上讨论，我们介绍了使用不同矩阵选择服务流程和制造流程类型的方法。选择了流程类型，实现目标的流程就基本上有了一个雏形。

接下来我们将讨论如何把实现目标的整体流程分割成适合团队工作的嵌套流程，以便为执行的实施打下基础。

（四）嵌套流程：为配备团队打造基础

假设经过流程确认，已经有了适合实现目标的总体流程，我们可能马上就会遇到以下困扰：发现确认的流程冗长且结构复杂，所包含的工作单元很多，总体投入资源巨大，所需人员众多，各工作单元所需要的资源投入五花八门、互不相容，现有的职能部门或团队，无法有效配备到流程之中去等。

在以上情况下，如果我们贸然把所需要的人力和物力资源直接投入到这个巨大的流程中去工作的话，众多人员如何避免相互干扰？如何进行有效的分工协作？责权利如何清晰匹配到每个人身上？如何进行过程监控？如何对重要的关键任务进行阶段性的考核？如何在完成任务的不同阶段避免资源的浪费？

对以上问题的回答是，我们要在流程里面找出嵌套流程或工作单元的自然断点，然后据此对流程进行分割，把一个巨大的流程分解成一个个相对自给自足的嵌套流程，为嵌套流程匹配相应的责权利和目标，然后在七步激活执行力的第三步，为每一个嵌套流程配备适合它的专业工作团队，并以流程的方式协调团队之间的工作，以期激发出工作系统的最大执行力，高效而有序地实现目标。接下来我们就去看看应该如何把流程分解成嵌套流程。

简单地说，之前我们所研究的流程，就是实现目标的整个工作过程，也就是遵循"输入—转化—输出"顺序的一系列任务。我们在解剖目标的时候识别出来的关键任务，按照一定的顺序排列起来就能实现目标，这就是我们确认的流程。

什么是嵌套流程？嵌套流程就是流程中的流程，如图2-13所示。

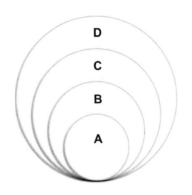

图2-13 嵌套流程，流程中的流程

嵌套流程也具有流程的全部属性，也是遵循"输入—转化—输出"的任务或任务序列。和流程一样，嵌套流程也是一个自给自足的子系统，这使得以后在嵌套流程上工作的团队，能够获得相对的独立和自主。

如何把流程分割成嵌套流程呢？我们做一个实例分析。假设我们确认了一个印刷厂的任务流程，我们先把它画出来，准备之后进行分割（见图2-14）。

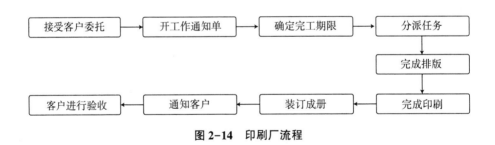

图2-14 印刷厂流程

下一步，确定上面流程中的自然断点在哪里。所谓的自然断点，就是输入和输出接轨的地方。以病人在医院看病为例，在挂号之后分诊之前就是一个自然断点。挂号的输出是挂号单，门诊进行分诊的输入也是挂号单，一边的输出是另一边的输入，所以挂号之后到分诊之前就是一个自然断点。

自然断点为我们确定嵌套流程提供了线索，嵌套流程的边界就是输入和输出，输入状况发生改变时就形成了嵌套流程的分界线。我们要把注意力放在资源在流程转化过程中遇到的一系列的输入和输出上，因为基于输入输出的变化来划分嵌套流程，其数量要少于按照不同职能来划分嵌套流程的数量，以后为这样的嵌套流程所配备的团队更容易做到自给自足。

接下来我们看看，在印刷厂的流程中有多少个嵌套流程呢？也就是说，有多少个自然断点呢？由于是制造流程，所以在这里要给自然断点加上额外的标准，即断点输入状况的改变，必须是原材料的种类发生了实际的改变或是材料所在位置或存储发生了改变，否则印刷厂流程的自然断点就太多了。

由图2-15可知，依据对自然断点的以上要求，在印刷厂的流程中只有两个自然段点，这两个断点把整个流程分成了以下三个嵌套流程：第一，从工作通知单到样稿；第二，从样稿到印好的成品；第三，从印好的成品到装订成册的书。至此，把流程分解成嵌套流程的任务就完成了。根据上面的嵌套流程，我们以后可以为整个流程配备三个团队。

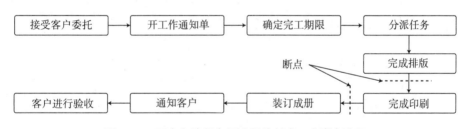

图2-15 两个自然断点把流程分割成三个嵌套流程

上文中，我们在自然断点的定义中加上"原材料的种类发生了实际的改变，或是材料所在位置或存储发生了改变"这样的要求，这是一个极其重要的原则性要求。虽然没有这样的要求也可以找出自然断点，然而我们之所以把流程分割成嵌套流程，并不仅只是想把一个大的流程分解开来，我们想要每一个嵌套流程真正发挥出它对输入的转化作用。如果一个嵌套流程的输出与输入没有发生根本性的改变，意味着刚刚经历这个嵌套流程的资源输入并没有经历什么样的有效转化过程，那么这个嵌套流程又有什么独立存在的理由呢？一个不对输入进行实质性转换的流程，其意义何在呢？

不仅是制造流程，服务流程的分割也要符合同样的要求，即断点的确定须符合这样的条件：各嵌套流程对自己的输入进行了实质性的转化。

我们看到各级政府部门大力推进的流程再造，很多再造都是对嵌套流程的重组。例如，广东省信访局进行的信访业务流程再造，就是要解决以往信访的以下问题：事项多头受理、重复交办、答复口径不一、转送办理督办脱节、信访问题在系统内部空转得不到实质性解决等。信访局的流程改造，本质上是在解决输入没有得到实质性转换的问题。

在分割印刷厂的流程时，如果不是根据输入的转换，而是按照传统的"控制、检验"的方式进行断点分割，原流程最多可以被分成九个嵌套流程，这样就会像许多传统组织那样，任务在各职能部门之间流转，降低工作效率。

嵌套流程是流程之中的流程，而流程之间是相互关联和作用的，这两点合在一起，就是我们理解流程、价值链和价值系统的基础。因为流程的相互嵌套和交互作用，不但形成了实现目标的流程，还形成了组织的价值链，进而形成了社会的价值系统。

（五）构建价值链

组织的价值链内嵌在它的整个活动流中，它将组织的行为分解为与其战略相关的活动，而组织的竞争优势正是来源于这些具体活动。

从流程的角度来讲，组织中的任何活动都是在流程中进行的，它的主要活动在核心流程中进行，辅助活动在支持流程中进行。

所以，流程确认对组织价值链的进化具有重大意义，这种意义表现在两个方面：首先，确认流程是在丰富组织的价值链，因为重新设计的流程会加入到组织之前的价值链里面去，从而为组织的价值链做出了新的贡献。其次，确认流程也是在改进组织的价值链，因为改造和再造流程本身，就是对组织价值链中原有活动的修改和优化。可以说流程确认的过程，不仅是流程设计的过程，更是构建组织价值链的过程。

价值链理论是哈佛大学商学院教授迈克尔·波特于1985年提出的。波特认为，企业种种创造价值的活动可以用一个价值链来表明，这些活动可分为主要活动和辅助活动两类，这些互不相同但又相互关联的生产经营活动，构成了一个创造价值的动态过程，即价值链（见图2-16）。

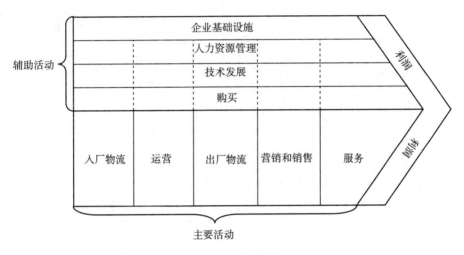

图2-16 波特的普通价值链

图2-16的价值链是企业一系列活动的集合，共有九种活动，都是所谓的"价值活动"。九种活动分成两大类——主要活动和辅助活动。图2-16下方的主要活动是指制造产品、销售、运输和售后服务等具体活动。辅助活动互相支持，共同辅助主要活动。图2-16中的虚线代表了辅助活动与特定的主要活动的关联，并支持着整个价值链。企业基础设施包括一系列活动，如一般管理、规划、财务工作、法律工作、政府事务和质量管理等。与其他辅助活动一样，基础设施通常能支持整个价值链，并不与特定的主要活动横向关联。

现在我们从流程的角度去看价值链，因为所有价值链中的价值活动其实都是流程，企业或组织的任何活动都是在流程中进行的，价值链其实是一个流程系统。这样一来，上面的"普通价值链"结构图，用流程表示也是一样的，如图2-17所示。

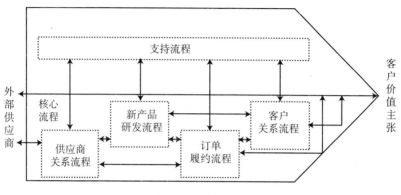

图 2-17　价值链

图 2-17 是以流程解析的价值链，它是组织系统中流程的集合，由两个大的流程组成：核心流程和支持流程。图 2-17 中在水平方向位于中部的双箭头线代表客户价值主张在整个组织价值链中的作用，其下方是核心流程，上方是支持流程。

"客户价值主张"是客户价值管理理论中的重要内容。客户价值管理由雷科尔多普列斯基于 20 世纪 80 年代创立，并在他的《掌握客户价值管理》中进行了讨论。客户价值主张是一种商业或营销陈述，用来描述客户购买产品或使用服务的原因。客户价值主张是专门用来针对潜在客户的，而不是针对其他如员工、合作伙伴或供应商这样的群体的。与独特的销售主张类似，客户价值主张是一个明确定义的声明，旨在说服客户在一系列竞争选项中，一个特定的产品或服务为什么将增加更多的价值或更好地解决一个问题。

一个好的客户价值主张，将为客户购买产品提供令其信服的理由，并将你的产品与竞争对手区分开来。获得客户的关注和认可，将有助于更快地达成销售互动，有利于提高市场份额。了解客户需求很重要，因为它有助于产品的推广，客户价值主张就建立在这种了解之上。品牌是对产品、服务或公司的认知，它是客户价值主张的一种浓缩，其设计目的是让目标消费者铭记在心。客户通常使用"心理捷径"来做出购买决策，这样的"心理捷径"经常由完美表达了客户价值主张的广告植入到客户的心中，这意味着他们依靠品牌熟悉度来更快地做出决策。像可口可乐、麦当劳等公司，其产品早已家喻户晓，为什么还总是在打广告呢？因为它们要不断地把最新、最有吸引力的客户价值主张植入大众心里。

在图 2-17 中，代表客户价值主张双向水平箭头是贯穿整个价值链的，说明它在价值链中的作用是贯穿价值链始终的。客户价值主张是企业向客户提供潜在价值的承诺，本质上是客户选择参与企业的原因。因此，一个组织的整个价值链都要动员起来去兑现这个承诺，这就是客户价值主张贯穿整个价值链的原因。

在图 2-17 中，核心流程包括以下四个方面：

第一，对接客户的"客户关系流程"，也称为客户关系管理流程。该流程识别、吸引外部顾客并与其建立联系，并且促使顾客发出订单。像营销和销售这样的传统职能，可以是该流程的一部分。前面讨论的广告公司的客户界面流程，就是客户关系流程的一个实例。客户关系流程通过渠道价值链对接到客户价值链，服务或产品最终成为客户价值链的一部分。我们日常生活中享受到的一切产品和服务，都是与这个流程对接的。

第二，订单履约流程，包括为外部顾客创造并交付服务或产品所需要的活动。广告公司的制作流程，就是订单履约流程的一个实例。

第三，新产品研发流程，不仅涉及生产流程，还涉及服务流程，是设计和开发新的服务或产品的流程。通过从客户关系流程得到的信息，新产品/服务研发流程从市场上收集到了有用的输入信息，从而根据这些信息和外部顾客的要求进行构思，对新的产品或服务进行开发。广告公司的广告设计与计划流程，就是新产品/服务研发流程的一个实例。

第四，供应商关系流程，对接供应商是与供应商打交道的流程，它选择服务、原材料和信息供应商，并促使这些物品及时而有效地进入组织的流程中。有效地与供应商合作，可以为组织的服务或产品增加重大的价值。增加价值的方法包括可以通过协商得到公平的价格，可以安排进度以便准时交付，听取来自关键供应商的观点和建议等。

当然,以上核心流程中的每一个都会有嵌套流程。在图2-17中,虚线上方是支持流程。在一个组织中,支持流程是很多的,因为除核心流程之外的流程都是支持流程。所以支持流程可分为许多部分,如包括人力资源、财务管理、会计管理、法律、政府事务、公共关系、质量管理等。支持流程提供能够使核心流程发挥作用的关键资源、能力或其他输入要素,这些流程相互配合,共同支持核心流程。

大多数的服务或产品,是通过一系列相互关联的商业活动创造的。虽然组织的流程视图有助于我们理解流程的工作方式、服务或产品的创造方式,以及交叉职能之间协调的重要性,但是,流程视图却无法解释流程的战略意义,它所缺少的战略解释隐含在价值链中,那就是流程必须为其顾客增加价值。

一个组织流程的累积作用是一个价值链,这是一个创造服务或产品的相互关联的流程序列,它反映了组织的历史和战略。从活动层次的角度去理解,价值链的概念意味着,流程中的每一个活动,都应该在前面活动的基础上增加价值。

由于流程要消耗资源,因此对流程的评价,不仅需要根据其增加的价值来进行,而且还要根据其消耗来衡量,这些消耗是在创造价值的过程中对员工、管理人员、设备、设施、原材料、服务、土地和能源的消耗。

价值链的概念,强调了流程与业务绩效之间的相互联系,强调了组织所有流程中类型的不同,其中有些是核心流程,有些是支持流程。在组织的价值链中,松散的联系会影响到价值链所提供的价值。

其实,流程和价值链是同一种存在的两面:当我们把目光关注于其对价值环环相扣的提升和转换上时,它就是价值链;当我们把注意力放在一组有序的"输入—转化—产出"的活动过程上时,它就是流程。

既然组织的价值链就是由一系列流程组成的,那么如果我们说,流程确认的过程就是优化组织价值链的过程,同时还是一个丰富组织价值链的过程,就一点不奇怪了。无论我们是在设计新的流程,还是改造或再造一个旧的流程，只要这个被确认了的流程在未来要纳入组织的流程系统之中，也就纳入到组织的价值链之中，组织的价值链也就这样被我们重新构建。结论就是：确认流程，就是在构建组织的价值链。

（六）基础训练二：流程确认

首先，选择你管理工作中经历过的或正在实施中的一件事情，想想完成该项工作所应涉及的步骤，识别出完成整个事件的相关流程，确定流程有效设计的几个要素；其次，再识别出完成整个事件的最大流程（价值链），将最大流程中的相关嵌套流程找出来，区分核心流程与支持流程；最后，根据所学流程确认的激活方法，填充以下表格。

流程的投入		
流程的转换		
流程的产出		
流程结构（服务型/制造型）		
合规（法规/规制/规范）		
顾客（低参与度/高参与度）		
整合（自制/外包）		
资源（专用资源/通用资源）		
资本（低资本密集度/高资本密集度）		
变革策略（流程再造/流程改造）		
最大流程（价值链）		（请用流程示意图描绘出来）
识别价值链中的两大流程类别	核心流程	
	支持流程	
说明：		

第三步

让人员循着价值链工作：团队协作的激活

不管一个人多么有才能，但是集体常常比他更聪明和更有力。

——奥斯特洛夫斯基

（一）团队协作

现在我们来到了七步激活执行力的第三步，这一步的任务就是为流程配备团队，把之前界定的责权利匹配到每个团队，促使团队之间有效协同工作，为目标的执行和落实打下基础（见图3-1）。

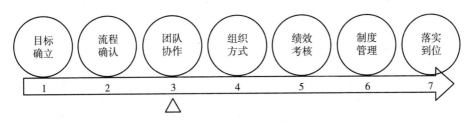

图3-1 第三步，团队协作

我们有了清晰的目标，然后确认了实现目标的流程，又把流程分成一段一段的嵌套流程，就是要为每段流程配备一个团队。

每段流程都有自己的输入、转化和输出，这意味着其都有自己的责任和目标。每个团队以自己流程的责任作为团队的责任，这样责权利就被匹配到了团队（见图3-2）。团队的目标就是我们匹配到流程上的目标，这是团队成员共同的目标。我们希望各个团队都能够与其他团队相互协作，把整个流程运转起来，共同完成组织的目标。组织的目标是团队目标的集成，所有团队的目标完成后，组织的目标也就有了保障。

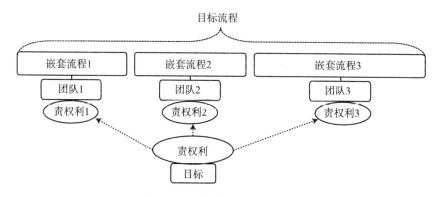

图3-2　为嵌套流程组建团队

一段流程，可以由一个人负责，也可以由一个团队负责，还可以由一个群体负责。为什么我们一定要为流程配备团队呢？个人行不行？群体行不行？个人负责的叫个人工作方式，团队负责的叫团队工作方式，群体负责的叫群体工作方式，这是最常见的三大工作方式。

个人工作方式：由于流程之间是相互配合依赖的，个人负责一段流程时，组织首先要准备面对整个任务流程全部瘫痪的风险，因为一些个人原因（如离职、生病等）会致使这样的风险发生。其次，组织还要面对个人能力的困扰，这会造成个人不能胜任流程任务。最后，组织可能不得不舍弃流程的合理配置，以便迎合个人能力的不足。所以我们看到，个人工作方式有时不是最理想的。然而在一些特殊情况下，个人工作方式又是必要的，这个时候个人的能力就要很强，能够完成流程中的一切任务，例如记者、调查人员、作家等，这些人的综合能力和机动性都极强，工作时要顾及行动的方便性。其实，一个团队内部的流程，很多都是个人负责的，这些流程或者简单，或者适合个人的能力。现代团队为了杜绝个人工作方式的弊端，往往要求每个人在团队内都是多面手，都要具有兼顾几个工作单元的能力。

群体工作方式：因为团队也是群体，所以这里定义的群体是随机组建的群体，群体人员的能力很可能并不是互补的。群体负责一段流程有其弊端，因为群体内人员的能力不一定是结构化的、互补的，无法真正发挥群体成员间最大的合力，难以发挥群体内全部人员的长处，这也将影响流程目标的实现。

团队工作方式：当我们面对各式各样的嵌套流程时，最大的执行力来源于团队，因为团队中的人员是结构化的，这种结构化满足了团队的角色要求。团队的本质，就是把能力互补的人聚在一起工作，强调成员间的协作，以便发挥出每个人的种种长处，胜任较高难度的角色任务，实现复杂的职能，完成复杂的任务。

团队有它明显的好处，同时也会引发许多问题。本章接下来的内容，先讨论团队的好处，再讨论它经常遇到的问题，然后介绍一些通行的理论和工具，抛砖引玉，为读者在自己的组织内打造优秀的团队提供一些参考。

（二）团队的优势和问题

团队是一种特殊的群体，是所有群体中具有合作特征的群体。

只要有两个或两个以上持续互相影响的人，他们有共同点，并且认可他们是一个群体的成员时，这就是一个群体。

一个部门的人是一个群体，一个家庭的人是一个群体，一支球队的人是一个群体，但这里面许多群体并不是一个团队。

团队是从具有互补能力的人中挑选出来的群体，因此他们能够一起完成一个既定的目标。团队的三个明显特点是：人员是挑选出来的、人员能力是互补的以及人员是面向共同目标的。这三个特点以面向共同目标最重要，因为挑选人员和能力互补都是为实现目标服务的。

团队扮演组织的核心角色之所以成为潮流，正是因为团队具有群体或个体不可替代的好处，当然这同时也带来了团队的问题。

团队的好处首先来自于它的组建方式，其成员都是从具有互补能力的人里面挑选出来的，而不是像群体那样时而随机时而特别地聚合起来的，因此团队成员最适合一起完成一个既定的目标。

关于团队的人员配置，我们可以举出许多例子，最常见的是体育比赛团队，如足球团队由守门员、后卫、前锋、中锋等拥有各种专长的人员构成；财务团队由出纳、会计和财务人员构成；网络小说写作团队是由故事组织、故事展开和客户发展与维护等人员构成。总之，团队与普通群体最大的不同点在于，团队是从具有互补能力的人里面挑选出来的群体，这种挑选一开始就是为了完成一个特定目标，这使得团队人员在工作时最具有协同力，所发挥出的执行力远大于个体和群体。

无论是组建团队的管理者还是加入团队的个人，他们都有喜欢团队的原因。对管理者来说，他选择团队的原因主要在于团队是实现绩效的最佳手段，团队能在许多方面使组织获益，至于是不是关心员工的利益，这并不是管理者组建团队的初衷。

对于组织的管理者来说，团队有其明显的优势。首先，在管理方面，团队意味着控制权有了合理的分担。团队工作方式是授权给员工的方式，代表着从权力等级向授权方式进行转变，这种转变基于面向目标的流程，代表着特定的责任，而这种责任不经授权又是难以实现的，管理者不愿意放弃控制权，目标又要求所需的权限，团队则是授权与管理的一种平衡。其次，与个体或群体相比，团队形式可以更好地适应各种组织的管理结构，在组织的业务中焕发出更强的执行力。在技术方面，由于精选人员的原因，团队整合了能够提高质量和产量的知识和能力要素，团队内部的工作不仅可以灵活地使问题按部就班地得到解决，还可以使过程控制、库存管理等工作的责任授权到位。最后，团队被用作增加人员目标性和凝聚力的工具，是加深员工对组织目标认识的一种手段，显然这有利于实现目标。通过仔细地挑选团队成员及其管理者，一些长期存在于工作场所中最具影响执行力的问题有望得到解决，比如激励问题、冲突、多样性和拒绝改变等，这意味着虽然团队并不能杜绝工作中的所有问题，但比起群体或个体来，团队还是问题最少、效率最高的。

对于个人来说，如果让其选择的话，大部分人也愿意加入某个团队，这有许多原因。第一，团队能够带来成就感。很多工作只有团队能够完成，各成员不同的经验和特长组合在一起，使团队从整体上看起来就像一个超人，能够解决现代组织中日益复杂的问题。成果的获得和成功经验的积累，使团队成员富于自信和成就感。第二，团队营造了一个很好的学习和成长环境，每个人都能从其他同事那里学到有用的东西，因为别的成员往往具有不同的能力和见识。第三，团队可以为其成员提供像家庭一样的保护，成员合力保护他们的利益，远离外界的压力和威胁。第四，团队使人获得工作的满足感，这是激励和工作满足感的来源。第五，团队往往形成自己的准则，它把组织的规章制度和人际间的潜规则融会贯通，并具体化到团队之中，比如规章制度的具体尺度、工作中的游戏规则和价值观等，这些准则能够抵制非正式组织给团队成员的压力，从而保证了工作的完成。第六，团队提供了归属感，这缘于动荡期后，成员在团队内部的身份认同和角色认可，团队成员因此获得了自己的地位和情感的满足。第七，团队内部对协作的鼓励改善了工作条件，例如亲密的团队成员愿意轮流承担艰苦或不易完成的工作，每个人也因此愿意更多地发挥主动性和创造性。第八，成员在团队中容易获得支持和激励，团队环境提供了良性竞争、相互的理解和支持等，这有利于克服工作中的困难和解决难题，也可以缓解工作压力。

团队对于组织和个人的好处当然还不止以上列举的这些，然而团队也有它的局限和问题。强大而有凝聚力的团队也会出现一些潜在问题：一是团队目标可能和组织目标不一致，例如个体成员所承受的团队规范和压力，可能导致对生产的制约和低水平的产出；二是团队一旦发展成为拥有凝聚力和自己文化的组织，管理者将很难改变它的态度和行为；三是强大而有凝聚力的团队，可能对本团队以外的其他团队或个人持有苛刻甚至敌对、不合作的态度，比如一些专业人员构成的团队会本能地对其他人表现排斥。

在对外关系方面，任何一个团队如果对外部关系管理不成功的话，则潜在的风险相当大，这涉及到团队间的协作，如果团队的协作不好，将影响整个组织流程的运行。所以对外关系的管理非常重要，尤其应该避免两个缺陷：一是团队被外界看作是一种威胁；二是团队被外界看成狭隘自私，只看重自我（见图3-3）。

图3-3　在外人眼里团队的两个缺陷

一个团队为什么会被外部团队看作是一种威胁？这往往是因为没有充分沟通进行信息交换，这种情况在很多组织中都能看到。一些团队发现自己被其他团队孤立或误解，时间一长会导致冷淡甚至是对抗关系的出现，例如有不同报酬的团队之间经常有这样的情况，处于不同服务环境或有竞争关系的团队之间，也会发生这样的情况。

一个团队为什么会被认为狭隘只看重自我？一个紧密工作且效率很高的团队，很容易产生鹤立鸡群的感觉，从而在思想上产生"我们和他们"的区分，团队之间开始发生隐蔽的隔阂，这种情况在每个组织中都很常见，只要听听周围人们私下里对特定团队人员的议论就明白了，然而这却是团队所带来的重要问题之一，解决不好将影响协同。

如果说团队之间的问题影响协同的话，团队内的问题也可能很严重。就像一个家庭那样，团队内部的问题往往是成员间的冲突，因此管理冲突对于团队管理者来说是一个能力的考验。虽然我们在此无法罗列出不计其数的各种冲突，但冲突原因却往往是分歧。冲突的代价是非常大的，处理冲突并不容易，非常考验管理者的经验和智慧。

至此，我们简单介绍了组建团队的好处，也介绍了一下团队可能遇到的问题。总而言之，为实现目标而打造团队肯定是一个不错的选择，因此下面我们介绍一些理论和工具，帮助你发挥出团队的执行力，同时对团队的问题进行管理。

（三）团队之间的关系和沟通

团队在流程中工作，任何团队都工作于组织的价值链中（见图3-4）。团队不是在真空中存在的，它们的目的是帮助组织整体实现其目标，包括我们在第一步中确立的目标。团队的成功要依靠组织中其他团队的帮助和合作。

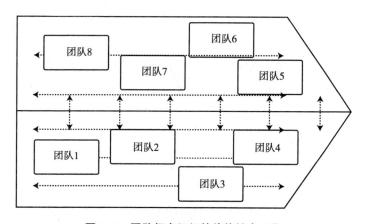

图3-4　团队都在组织的价值链中工作

因此，团队都在组织的团队网络中工作，有效的团队将同组织中的其他团队建立良好的协作关系，甚至需要非常重视与本组织以外的其他一些组织建立良好的关系。这些组织和团队成员有工作上的联系，这对跨领域的团队而言是非常重要的。这时，团队被看作是独立于原组织的独特实体。

以流程为例，在组织的所有流程之间，一个流程的输出是另一个流程的输入。一个流程出现问题会对另一个流程造成严重影响，所以每个流程之间要通力协作，这种协作实际上是各嵌套流程上团队之间的协作。

团队之间的协作有很多好处，例如团队将有更大的能力去影响组织，并可获得更多的帮助；信息更容易流动，问题更容易得到解决；团队将承受更小的紧张和压力，并得到更多的满足，个人也能更愉快地工作和生活。

建立团队间的良好关系要先从共同的目标入手，团队需要明确组织共同的目标和其他团队的协作关系、对相关合作充满信任并承担责任。

每一个团队都对共同目标贡献了协作价值，但在认识上不但要认识到共同的价值和目标，也要认识到各自团队在组织中都有独特的、与众不同的功能（见图3-5）。

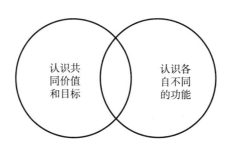

图3-5　如何建立团队间良好关系

（四）团队和质量链

从价值链的角度去看，团队是价值链的一环，团队之间环环相扣。从流程的角度去看，团队具有"输入—转化—输出"的流程，各流程间相互依赖、相互作用和影响。从全面质量管理的角度去看，团队可以被看作既是产品和服务的客户，又是它们的提供者。

无论对组织的内部还是外部，一个团队输出的要么是服务，要么是产品；它的输入同样如此。财务部门输出的是财务服务，人力资源部门输出的是人力资源服务，这两个部门为负责核心流程的团队提供服务，而它们自己也相互获得对方的服务。同样，制造部门是研发部门的客户，而它们的客户是销售部门。图3-6描述了这样的关系。

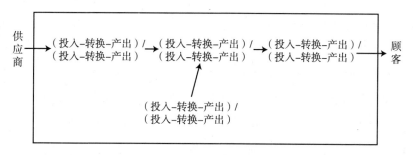

图3-6 质量链

由图3-6可知，组织内团队之间的关系是相互依赖的。一个组织的输出，无论是服务还是产品，都依赖于组织内各团队的相互协作。团队人员如果忽视了自己团队其实是组织质量链中的一环，哪怕团队内部志同道合、工作愉快、流程运转良好，团队仍然容易遇到困难，产生团队间的问题是因为它们在某种程度上没得到组织中其他部分的支持，那么团队甚至可能受到打击。无论是团队领导者还是其成员，都应该一直把团队看作是更高一级整体的一部分，这一点应该从团队内部做起，并向上向外发展，使团队从内到外、从组织网络的纵向和横向上都与整个组织融为一体。

（五）团队组建的类型划分

成功组织的重要特征之一，就是在组织内部广泛采用团队工作方式。团队在管理中变得越来越重要，这一潮流同时反映在组织结构和组织方式的改变上，其改变发生在两个方面，一是团队工作方式更加普遍，二是各种组织正在使用新的、不同类型的团队。

（1）正式团队。正式团队是那些由管理层周密计划后组建的、作为正式组织结构的一部分的群体。组建正式团队的目的，是为了实现一个特殊的组织目标，所关注的是工作中各项行动之间的协调。

正式团队正是本章要组建的团队，各团队之间活动的协调正是我们要激活的团队协作。正式团队的参加者通常都有明确界定的角色，这种角色正是我们在目标确立时的能力计划和关键任务所需要的。所要完成的任务的性质是正式团队的一个显著标志，在这里就是它要完成的关键任务。正式团队的目标由管理层确定，一定的规则、关系和行为规范也要确立。尽管实际的成员会有变化，但正式团队一般相对较为稳定。

（2）非正式团队。在所有组织中都能见到非正式团队，总会有一些说得来的人，投机的朋友或有共同爱好的人组成非正式团队，他们不是为了进一步发展组织的目标而特意设立的，成员关系建立在自愿和平等的基础上，许多员工往往都是某个非正式团队的成员。非正式团队是为了满足心理和社交的需要，和承担任务没有必然的联系。这种团队形式其实是下一章中我们将要介绍的非正式组织的形式。当我们把一个非正式组织称作一个团队时，这个群体的目标性往往比普通的非正式组织更强一些。

（3）开放型团队。这是成员经常变动的团队，团队的内部结构也会因某种原因发生变化，如成员的离开和角色的变动等。角色发生变动，会带来灵活性和激励作用，很多团队都因新成员带来的新想法而受益。那些进行创意、研究开发、创作的团队往往是开放型的，因为开放型的团队对创造型的群体是很有用的。

开放型团队相当于一个有组织的人才平台，团队里的任何几个人都可以协商组成小队，然后以自己的模式（可以是传统团队模式）做事。但是，开放型团队中的小队不仅仅是自己的小队，因为小队戴着团队的帽子，小队与团队之间互相作用，团队又把这种互相作用传播到团队中其他各个小队。

开放型团队不同于传统团队，其团队成员的职业领域不受限制，是一个海纳百川的大组织。如果把传统团队看作是一个由星体和围绕其运转的卫星群组成的集合体（比如地球和月亮），那么开放型团队就是一个围绕核心运作的星系（比如太阳系，包含许多类似地球和月亮的集合，但又不是它们简单的组合）。传统团队往往是有比较密切的利益关系的，而开放型团队从整体上而言就没有这种利益关系。

（4）封闭型团队。这种类型的团队有确定的人员关系，通常有成形的内部结构。财务部门往往就是这样的团队。封闭型团队有反应迟钝的危险，但对于后台流程那样的流程来说，这样的团队却是不错的。

（5）等级型团队。又称为"职能型团队"。这样的团队虽然比较传统，但是却很常见，我们大家都非常熟悉。团队中有公认的领导，清晰的、基于职责等级的命令链。团队领导对经营业绩负最终责任，并将责任授权给团队其他成员。

（6）专家型团队。这是一种比较新型的团队，往往与等级型团队具有相反的特点。等级型团队有些像一个经验丰富的专家领导一些能力低于他的下属，专家型团队中的领导在专业知识水平上不一定是最强的，他比其他成员的水平低一些也很正常，因为他在团队里面更多的是处于协调员的角色。

在专家型团队中，人员的差别往往不是他们的官职或等级，而更多的是他们各自的专长和他们所投入的时间。在实际工作当中，团队成员在组织中处于相同或相似的层级。

项目团队就是专家型团队的一个例子。组织为了完成一项特殊任务，比如开发新产品的原模型、写作一本书、处理一场危机事件等，往往组建专家型团队，但这种团队的存在期是有限的，就到项目完成为止。

并不是所有项目团队都是专家型团队，但这样的团队在 IT 行业却非常普遍，软件开发团队大多是专家型团队。很多组织中的团队越来越像专家型团队，等级结构趋于扁平化，团队内人员有着更大程度自我管理的趋势。

专家型团队的另一种形式是跨领域团队，也称为跨职能团队，它往往是长期的，并且是组织在面临外界变化时的一种应对措施。在跨领域团队中，通常是一群来自组织不同部分的个体被召集到一起，为该组织提供一种特殊的持续性服务。例如售后服务团队就是跨领域团队，他们往往横跨客户与生产部门。

跨领域团队可以用来解决一些职能领域的"孤岛综合征"问题。例如某家美国公司随着产品和员工的增加，基于不同职能划分开发出了一套新的组织结构。然而由于之前公司文化中一项"各司其职"的原始文化被扭曲，许多职能部门认为为了达到自己的目的，必须要与其他职能部门竞争资源。这种文化导致各个工作单元强力保护自己的领地，后果是每一职能领域，比如生产或者销售，发现自己都与其他职能领域隔绝开来变成了"孤岛"，这导致了服务的重叠和组织内部的无效运作。比如，职能部门的管理者通常认为如果"旁观者"（比如咨询师）能够审计他们的运作，他们就会丧失自己的资源甚至是工作。这种文化信仰转变成了"做你自己的本职工作，千万不要越雷池一步"的负面工作习惯。由于存在这种恐惧，不同领域之间的沟通微乎其微，公司内的水平沟通几乎没有。缺乏沟通导致了部门和部门之间的工作重复，降低了不同工作单元之间有效协作的能力。为了解决这样的问题，在后续的组织架构变革过程中，管理者着手减少"孤岛综合征"，方式是增加跨部门间的沟通，具体办法就是建立起公司范围的"运营委员会"——一个跨领域团队，将公司内部各个分支和部门的中层管理者召集在一起。通过担当高级管理层和公司其余部分的联络员，该团队也增加了中层管理者和高层管理者之间的沟通。

（7）等级型团队与专家型团队的选择。听起来似乎专家型团队是未来的趋势，但其实等级型（职能型）团队和专家型团队各有适合的工作类型。等级型团队适用于有大量确定的及日常性的任务去做，或团队规模需要很大的情况，例如建筑行业虽然有很多的项目团队，但其工作特点却是需要对大量的人力和物力进行组织和指挥，所以适用于等级型团队。专家型团队更适合需要创造力或需要一整套知识和技能的任务。两种团队中不存在一种比另一种好的事情，因为各自都有适用的管理环境。区别这两种团队能够帮助我们了解什么情况下使用哪种类型的团队更有价值。

还要强调的一点是，等级型团队和专家型团队之间没有严格的区别，两者中都有对方的影子，只是因任务和环境不同而有所侧重，如图3-7所示。

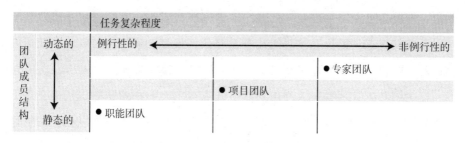

图3-7　等级型团队随成员和任务向专家型团队过渡

从图3-7中可见，当处理例行性、较多重复的任务时，团队表现出更多的等级型特征；但随着任务需要的非例行性和创造性越来越大，团队就变得越来越专家型了。图3-7中的"专家团队"，其实也经常称为"网络团队"，因为所谓的"网络团队"，就是跨部门甚至是跨地域的专家团队。

（六）团队发展四阶段理论

团队不仅作为一个整体在活动，其内部的各种因素也在不断地相互作用，从而使团队处于不同的状态和发展阶段。

团队中成员的相互了解影响互动，互动影响流程，流程的变化影响氛围，氛围影响参与方式，参与方式影响凝聚力，凝聚力影响士气，如此类推下去会发现，团队经常处于某一种阶段状态。

团队所处的不同阶段对执行力和目标的实现具有不同的影响，有的阶段是正面的、有效率的，有的则无益并且破坏团队的生存。虽然可能识别不出阶段的名字，但每个合格的管理者都能从自己的团队之中体会出这些"阶段状态"，他们都明显感觉到那种阶段性的氛围。

识别团队发展的不同阶段是为了采取相应的不同管理技巧，这样能够提高绩效，促进目标的实现。团队的成长是有规律的，其变化在一段时间内是可见的，对这样的成长变化进行控制和管理是可能的。一个高水平的团队与其管理者关系很大，他能把团队带向高水平的业绩方向。

通常情况下，团队早期阶段的执行力是比较低的，但随着优秀管理者的干预，情况会迅速发生改变。社会心理学家研究发现，有的时候，团队处于停滞不前的状态，很长一段时间几乎没有任何发展；而有些时候，团队可能经过几个阶段，这个过程如此之快，甚至都没有被意识到。

作为团队的管理者应该意识到以下几点：①能够在团队中识别出有序的发展阶段，目前是什么阶段；②如果没有识别出各个阶段并加以相应的管理和控制，就会出问题；③如果识别出了团队的不同发展阶段并及时采取了适当的策略，就能创造性地、有效地利用这些发展阶段激发执行力。

团队不是一开始就成形的，它要经历成长、成熟的一些阶段。一开始，团队只是一些个体的集合，他们不知道如何一起工作，甚至不关心团队的成败。经过团队建设后，一个亲密有效的团队出现了，很多成员甚至会成为一生的朋友，团队进入了最有效率的阶段。

团队发展的四阶段理论是塔克曼1965年发表的观点，之后得到很多管理学家的认可和描述。约翰·阿戴尔在《有效的团队建设》中，把这四个阶段简洁地描述为组建、动荡、规范和执行（见图3-8）。

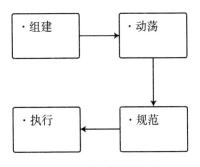

图3-8　团队发展四阶段

以上四个阶段各有其阶段特征和相应的管理要求：

（1）组建。在这个阶段，个体还没有把他们当成一个团队，每个人都会经常自问："我属于这里吗？"团队工作效率较低，执行力不高。有研究者把这个阶段称为"试探"，指的是就像其他动物一样，当人们被相互介绍给对方的时候，将经历试探、认识的过程，大家都在寻找自己与他人存在关系的地方，人们用面具把自己伪装起来，真正的情感和想法隐藏了起来。这是一个艰难的阶段，人们很想融入团队，想知道如何表现，自己的责权利是什么，任务的性质是什么，自己应该做什么，这主要是由于人们对自己的角色没有把握，经常担心做错事。即使对于成熟的团队，新人的心理经历也是这样的，所以全部成员都是新人的、刚组建的团队就更加艰难。这个阶段如果不加以干预和管理，有可能会无限期地持续下去。所以管理者不能仅凭团队已经真正组建了多长时间来识别这个阶段，而要看人们之间的交互处于什么样的状况，是坦诚相待还是虚与委蛇。重要的是管理者应该努力帮助人们确认他们的目标和身份感，团队需要清楚的成员身份感和确定的目标来增强凝聚力。

（2）动荡。随着人们开始把自己置身于一个团队，不断的接触和共同的经历一方面使成员开始理解团队的目标以及团队期望他们做什么，另一方面使每个人逐渐显露出真实的个性和思想，这在许多团队中意味着开始分出长幼尊卑次序，就像群居动物通过争斗获取较高地位等级的优先权争夺一样，他们也开始向管理者挑战，开始质疑任务本身的生存发展能力，因此有研究者把此时期称为"混战"。这是最为动荡的时期，每个人都在博弈中寻找自己在团队中的角色，敌对和攻击经常发生，行为的特点体现为防备的竞争，成员的情绪处于较不稳定的高涨期，会感到气愤、沮丧和失败。然而如果团队有很好的个性类型组合，那就不会有什么冲突。其他的情况下，会有隐蔽或公开方式进行的争吵，冲突主要围绕两种类型的问题，一是控制和支配权的问题，即优先权之争；二是价值观和准则的矛盾。其实动荡期是一个寻求稳定的过程，人们都在寻求或争取自己的角色地位。团队管理者应该清醒地了解这个阶段的特点，并巧妙地处理这个阶段，使它成为促使团队成员向着第三阶段发展，即完成任务、为自己的角色承担责任的方向转变。这个阶段的重点是角色，团队成员需要清楚的角色和参与的机会。

（3）规范。过了动荡期后，随着逐渐适应角色，成员们开始组织起来协同工作，在感情上得到相互认可，并开始关心团队业绩，而把自我满足的需要放到了次要位置，也开始感到更安全、更舒适。此时有意思的事情发生了，团队开始根据每个人的具体强项和弱点开发完成团队目标的最佳流程，这相当于把我们在七步激活执行力的第二步确认的流程进行细化改造，所以有研究者把这个阶段称为"实践"。流程到位之后，每个人以自己的强项在流程里面舒服地工作，团队建立起了让成员都感觉舒服的工作习惯。工作技能与行为得到固化变成习惯，越是熟练的技能，所耗费的能量越少，越让人感觉舒服，效率也越高。人们开放、信任、互相支持，找到了协同的感觉，团队的执行力也达到了较高的水平。

（4）执行。这是理想的阶段，对应于马斯洛模型的"自我实现"阶段。早期所有的工作和冲突都整合到团队的集体能力之中了，解决了关系、确定了技能、改进了交流、精练了方法，许多问题随着其出现即得到解决和处理。团队成了自我约束的整体，有能力管理自己的发展，能够胜任团队的所有工作，工作迅猛前进，成员在团队中业绩良好，人人因工作而获得成就感和满足感。图3-9总结了以上各阶段的关键点。

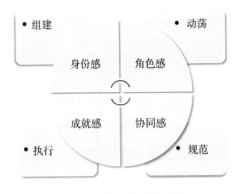

图3-9　团队发展四阶段重点

还有研究者总结了团队的五阶段理论。在这个理论中，前面四阶段如前所述，第五阶段是"成熟"阶段，这是团队达到的最高水平。工作完成已经进入极高的境界，使得人们只能感受而不能描述它的状态，成员的配合就像一个水平很高的人在行动一样。成熟的团队在第三阶段具备了有效的工作方法，在第四阶段具备了责任感，所有的基本冲突已经在很久以前就解决了。团队有很深的信任和友谊，工作流程适合不同的需要，层级扁平化，领导权根据在某个时期某人最胜任的原则经常从一个成员转移到另一个成员身上，虚情假意的东西都不存在了。

无论是四阶段理论还是五阶段理论，重要的一点在于团队的发展是按照上面的顺序来的，也就是在某一个时点上一个阶段让位给了下一个阶段，因此团队管理者可以比较清楚地标明团队当前所处的阶段，并推动团队向更高的阶段发展。

如果你是团队的一员，意识到所在团队正在经历的阶段也很重要，这种认识和知识会带给你自信，从而鼓励你积极地参与到团队的发展中去。

显然，对于团队管理者来说，优化团队是需要投入时间和精力的。在具体操作方面，可以参考下面建议在各阶段采取的方法选项。

阶段1：确保团队成员在一起有乐趣；建立起人们可以通过不同方式相识的环境；表达你自己的思想和感受；邀请人们共同参与关心的事情；分享团队目标及其远景规划；开会分享各人对自己强项的认识，例如展示个人历史。

阶段2：在人与人之间架起桥梁；创造回顾团队绩效的机会；鼓励表达感受；邀请人们谈论他们的动机；逐渐把人们之间的冲突引导到开放的状态；形成团队建设必要性的共识；尝试快速获得成功；找到成员之间的共同点。

阶段3：开发解决问题和制定决策的技能；开发新的个人技能；建立共同遵守的行动准则；发现机会并鼓励成员去体验；把会议记录下来然后播放，回顾优势和弱点，并确保团队人员知道彼此的优势和弱点。

阶段4：确保团队目标清晰；通过庆祝成功来增强士气；建立起和其他团队的关系；继续开发解决问题和制定决策的技能；时时保持严格、深入地检查团队的运作方式；允许领导权的流动；提供让人们见面的机会；识别危险的想法以防微杜渐；包容不同的观点；不断地打造固定模式和制度；公开团队的原则；工作交给外界进行分析。

团队的四阶段理论我们就粗略地介绍到此。需要补充的一点是，并不是所有团队都会完全经历这四个阶段。团队与团队不同，有的变化很快，有的很久都没什么变化，有的团队的发展是回归的，你会发现团队就像家庭一样，经历了蜜月期后仍然会回到不和谐的时期，所以应该有人经常注意团队的状态并据此对团队加以调节，管理者更应保持开放的心态，克服困难保持沟通。归根结底，团队的发展有其阶段和周期，认识到这一点对团队的管理是很有帮助的。

（七）团队发展阶段需求原理

团队是面向目标和任务存在的。团队发展的阶段理论揭示出一个道理，不能忽略了团队成员的需求，同时应该持续地进行有效的团队建设，以便让团队度过组建和动荡阶段。否则的话，任务和目标的达成将大受影响。

对于一个团队领导者来说，对任务、个人和团队需求的管理是并存的，所以约翰·阿戴尔认为，领导者的责任可以划分为三类：完成任务、建设团队、发展个人（见图3-10）。这三种责任，在团队发展的不同阶段各有侧重，在第一、第二阶段，较为侧重个人需求的发现和引导，例如角色和身份的确认等；在第三、第四阶段，较为侧重于团队的建设和任务的完成，以达到最优绩效。因此，团队领导者需要持续地在任务、团队和个人这三个方面寻找平衡点，根据所面对的具体情况，分清这几个方面的轻重主次，达到最佳状态。

领导者的三种责任，表明了团队有三种需要，分别是任务需要、团队需要和个人需要（见图3-11）。

1. 任务需要

团队是为目标存在的，人们需要一个目标任务把他们聚在一起。组建团队也是为了实现目标，可能是生产目标，也可能是服务目标；总之目标已经

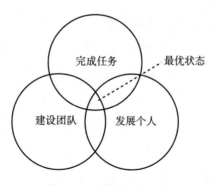

图 3-10　管理者的责任

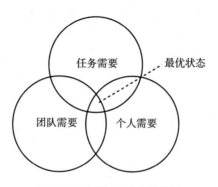

图 3-11　团队发展阶段需要

确立了，因此需要完成任务。任务能很好地把人聚在一起，取得共识。平时几个人聚在一起不知道该谈什么，若是一起打牌玩麻将，有了共同的任务，所有人都会感觉融洽。如果没有任务，那就没有能够把成员聚在一起的理由，团队也很难领导，甚至不能存在。因为目标和任务是所有成员行动的方向，也是他们达成共识的基础，因此团队的领导者和成员都有任务的需要。领导者的首要责任就是明确任务，这不但有利于任务的完成，而且能加快团队成员度过组建时期，快速融入角色并获得身份感。

由同一个领导者领导的员工，他们应该具有一个共同的目标。因为目标能产生任务，满足任务需要，员工需要共同努力实现这个目标，管理者时时向着这个目标引导团队。为了完成任务，管理者需要一定的步骤，如定义目标、制定实施计划、与团队沟通进行准备、启动实施、在事中和事后进行反馈、检查和评价等，这些步骤其实是七步激活执行力的缩减版。

针对团队的任务需求，我们需要满足它，所以在定义目标时就要明确任务，包括任务完成的阶段、标准等限制条件。在制定计划时，要先为所有人员匹配责权利，并且设定资源优先权，责任大的优先权高，责任小的优先权低。这些需要通过讨论做出决策，讨论能增加所有成员的存在感，人人都感觉自己是有用的。成员之间应该时时保持沟通，也就是在任务实施全程中都保持沟通状态，领导者应该保持与团队成员的沟通，定期与团队成员讨论任务的进展情况，并保证整个团队沟通渠道的畅通。团队内部对任务进行绩效考核，要控制任务实施落实的过程，保持定期监控管理流程和进程，对任务的完成要定出基本标准与优秀标准，对优秀标准还要通过讨论并达成共识，并定期重新检查各项任务标准。反馈和评价应该持续不断地进行，必要时重新制定计划，总结并传达发生的变化。

2. 团队需要

人人都有与他人和睦相处的需求，若是能同时追求共同目标就更好了。为完成团队的目标，管理者应使团队成员充分协同工作，保持一致，在一个和谐的氛围下工作，这就要处理成员间的争执和冲突，管理者应该妥善而巧妙地解决或引导，例如把争执引到有效的沟通和协作上来，同时要充分利用冲突中发现的新观点和新想法，促进团队的发展。

作为团队的领导者，满足团队需求的方法有很多。第一，要在团队层面确立具体目标，所有团队成员应共同参与目标的设定，并在共同的讨论下达成对目标的共识。第二，在制定计划的时候，应设置好团队的结构和授权，并就团队成员的责权利达成共识，做到责权利明确，这样可以避免因为责权利不清发生冲突。第三，一旦开始实施，管理者需要定期对团队进行指导，并获得团队的反馈和给予反馈，在全过程中协调团队的行为，纠正偏差，解决冲突。对于在实施过程中出现的成绩和不足、错误等，管理者应该对优秀绩效者进行奖励，认可成功，并从失败与成功中汲取经验和教训，同时保持团队的创造性。总之，管理者应该满足人们成为优秀团队一分子的需要，这个过程能够促进目标的达成。

3. 个人需要

团队中每个成员都有其个人需要，这种需要不是指个人的七情六欲，而是指这个人作为团队成员的需要，具体地说就是个人想知道自己负责什么，对团队的目标能起到什么作用，即个体首先需要了解自己的责任，还要了解他们能对团队绩效做出的贡献。

因此，对于成员自己的工作绩效，管理者应给予定期的反馈，让他知道自己做得如何。另外，团队中每一个个体都有自己的潜力，应该让每个人有机会展示并发展自己的全部潜力。注意：这些潜力是工作和能力上的潜力。如果工作完成得出色，他们应该得到来自管理者的积极反馈和认可。从确立目标时开始到任务的完成过程中，个人应从一开始就参与到目标的讨论和共识的达成过程中，并对自己的责权利有明确的确认。讨论和达成共识的过程使每个人都感觉自己有用，因为他们发挥了自己的聪明才智，满足了个人的需求。

在计划阶段，管理者应该合理估量个人的技能，对需要增加的技能进行培训，并就个人需要承担的责任进行相应的授权。在任务的实施过程之中，领导者应注意倾听人们的意见和建议，并激发成员的热情。个人的成功应该得到认可，优秀的绩效应得到奖励，对个人的不足应给予指导。任务完成时，应对个人的完成情况给予评价和总结，并督促持续的改进。

所有以上领导行为不但是在促进工作，同时还是在满足个人的需要。人人都有从低到高的需求，你可以在领导团队追求目标的过程中，依据任务和目标满足他们的需要。

（八）基础训练三：团队协作

选择你管理工作中经历过的一件事或正在实施中的一件事情，想想为完成该项工作而为各段嵌套流程组建的团队，包括为核心流程和支持流程所组建的各类团队。用你所学到的团队协作激活方法，用心完成以下任务：

（1）根据核心流程和支持流程所组建的相关团队，请区分团队的类型：职能团队/项目团队/专家团队。

（2）根据团队发展的四阶段理论识别出自己的团队现正处在什么发展阶段？经历了哪些发展阶段？

（3）根据你识别的团队所处的发展阶段，发现团队在"任务、团队和个人"三大需求方面的具体情况。

让组织保障目标的实现：组织方式的激活

创造巅峰绩效的组织。

——德鲁克

（一）作为实现目标工具的组织

我们已经来到了七步激活的第四步——组织方式（见图4-1）。

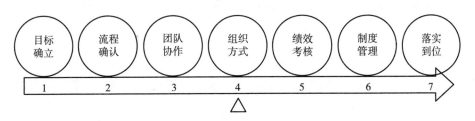

图4-1　第四步，组织方式

组织方式从两个方面影响目标的实现，一是正式组织的结构方式带来的影响，二是非正式组织的必然存在所带来的影响。

正式组织是按照某种结构正式组建起来的组织，它就是把我们前几步确认的流程和配备的团队组织到其中的这个组织，它为我们现在所要实现的目标提供了基础设施和职能方面的支持。我们确立的目标、确认的流程和对流程团队的配备能否顺利实现，最终还要看组织的现有结构是不是容易匹配我们的流程，以及是不是容易发挥团队作用运行我们的流程，在这个过程中可能遇到的困难和机遇，就是本章要讨论的问题。

我们确立的目标必须与组织的目标相一致，这一点不必讨论，否则我们就走不到现在这一步。下一步，我们的流程需要内嵌到组织的流程系列中，还需要有团队在流程中工作，这两点都受制于组织的现有结构。

例如，职能型的组织结构和分部型组织结构面对实现同一流程时的解决方案可能是不同的，前者可能要增加职能部门，后者可能直接把流程当作一个项目来组建团队即可。

除此之外，组织还要为我们提供许多帮助：流程中的人们可能在组织内不同的职能部门之中扮演着不同的角色，需要把他们聚拢到流程中来；流程的资源需要组织来提供，流程本身的运行需要组织的支持系统加以配合和控制，团队需要组织出面加以协调；等等。另外还要考虑的一个重要方面，就是组织中还可能（肯定）存在着众多大大小小的非正式组织，这方面的问题还需要组织亲自出面，对这些非正式组织加以管理和引导，避免它们对我们要达成的目标造成干扰和阻碍，并且最好利用它们的影响促进目标的实现。

以上所述的这一切都与实现我们当前的目标密切相关，这些复杂的事情只有组织出面才能办到。

关于非正式组织，它们并不是存在于我们组织边界之外的组织，它们是随着我们组织的诞生和运行而在组织内部滋生出来的一个个"影子组织"，它们甚至先于正式组织的诞生就存在了。这样的非正式组织五花八门，每一个都像附着在组织体内的共生系统，你我可能都是这种组织中的一员，如山头、宗派、派系、文体组织、共同爱好、共同理念或共同利益群体等，几乎人人都会加入这样的组织，都会受到这种非正式组织的影响。

组织内的非正式组织无法取缔和消灭，它是正式组织的伴生物，是人类社交天性的产物。组织的运行方式和人员交互形式，为非正式组织的产生和发展提供了最好的土壤，所以我们的组织必定在自己的体内催生出非正式组织。正式组织的管理者只能想办法对非正式组织加以引导，使其目标与组织目标不冲突，发挥它积极的一面。

正是由于以上讨论的两个方面，我们才要在激活执行力的第四步，来仔细研究组织方式的问题，也就是研究正式组织和非正式组织的问题，这种研究的目的就是确保当前目标的实现。

（二）正式组织的建立

我们工作于其中并准备实现一个又一个目标的这个组织是正式组织，它的组织结构或许是经过精心设计的，或许是过去一系列非正规决策的积累，但它是正式组建的组织，并且具有开放系统的一切要素。它的架构和运行方式是为追求组织目标而存在的，它的人员按照各自的角色分布于组织的架构之中，相互配合以实现对输入的转换功能，形成一定的输出，实现组织的目标。

如今，我们需要组织实现一个新的目标，为此我们设计了流程和团队。新目标能否顺利实现，取决于组织的结构与我们的流程及团队的相容程度。运营管理者要解决这个问题，就先要查看一下组织现有的组织结构。

我们的组织，从它诞生之初，就是按照三个结构化原则来设计的，即组织结构化、技能结构化、人员结构化（见图4-2）。

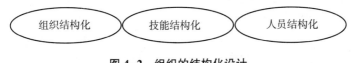

图4-2 组织的结构化设计

1. 组织结构化

可以先从组织结构图入手来理解组织结构化的复杂性。组织结构图把组织分成若干部分，并且标明各部分之间可能存在的关系。该图的根本依据起源于思维与行为的关系，如图4-3所示。

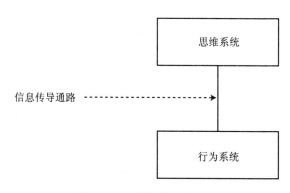

图4-3 思维与行为的关系

图4-3中，思维系统就是我们的大脑，行为系统就是我们的四肢和随意肌组织，两者之间由信息传导通路相连，通路是双向的，思维系统自上而下发布指令，行为系统自下而上提供反馈。思维系统和行为系统都需要辅助系统的帮助，例如大脑需要眼睛耳朵提供信息，全身都需要内脏提供能量等，于是上面的图又变成了下面这样的开放系统组织图（见图4-4）。

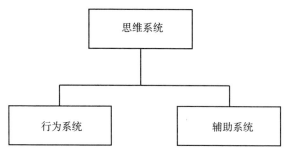

图4-4 开放系统（含动物和人）组织

组织与人体一样是一个开放系统。人体靠着作为思维系统的大脑和作为行为系统的四肢相互配合，从环境中获取生存资源，全部的活动都在辅助系统（消化系统、循环系统、感官等）的支持之下运行。

　　组织的运行也是同样的道理，其管理层构成思维系统，运营部门构成行为系统，支持部门构成辅助系统，这样，一个基本的组织结构图就形成了（见图4-5）。

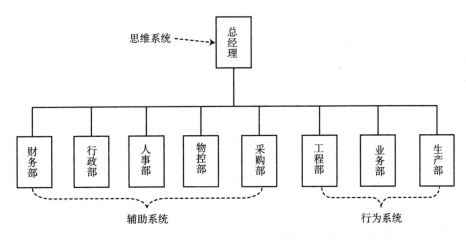

图4-5　职能型组织结构

　　正式组织的结构有三种基本类型，分别是职能型、分部型和矩阵型。在设计组织结构时，这三种基本类型，可以变化和组合出几乎无穷无尽的混合类型，例如人们常说的"直线制""集权式""复杂直线型""直线职能型""事业部制""模拟分权制"等，甚至有些组织把客户也画到了组织结构图中，并且放在最上方的位置，而把总经理放在了最下方的位置，以这种方式强调顾客导向的重要性（见图4-6）。

　　图4-5的职能型是最简单的组织结构。顾名思义，在职能型组织结构中，对角色进行组织的依据，是为实现组织整体使命而必须要履行的职能。以图4-5为例，一个小型的生产型企业，通常具有以下职能：生产制造（生产部）、工程设计（工程部）、销售（业务部）、人事和财务（人事部和财务部）等。

　　此外，根据组织规模的大小，还可能找到其他各种不同的职能（行政、

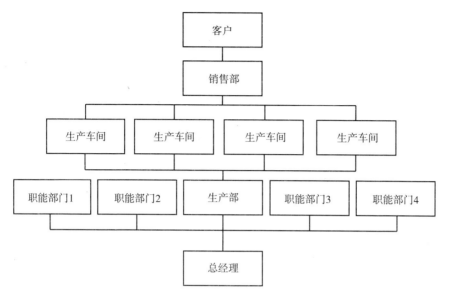

图 4-6 "总经理在下"组织结构

采购、物控等）。总经理负责发布指令，并协调各职能部门的工作；各部门向总经理报告（提供反馈），总经理与各部门之间形成命令/反馈链条，所形成的职能型结构是一个开放性系统，系统总的运行机制是特殊职能领域（生产制造、销售等）的管理者向负责协调整体运营的高级管理人员（总经理）汇报，高级管理人员对整个组织负有最终责任。

在图 4-5 中，各职能部门都有自己的内部工作流程，其运行也遵循"思维系统""行为系统"和"辅助系统"的协作关系，各部门形成自己的职能领域，与其他职能领域形成边界，需要上层管理者的协调才能形成最好的配合。

如果我们现在的组织结构是职能型的结构，那么我们的流程应该如何安排到组织的结构中呢？这要看具体情况。比如，我们要实现的新目标需要服务型流程（如为产品提供售后服务），那么要不要增加一个"售后服务部"？如果我们的流程是生产型流程，那么在生产部中能不能加入这个流程？其他部门需不需要配合到这个流程中来？如果我们的流程需要组建团队，那是什么样的团队？如果是项目团队的话，团队的人员从哪里来？从各职能部门临时借用过来还是从外面招聘过来？如果流程属于线性流程怎么办？如果流程属于后台流程怎么办？总之，所有这些问题都需要管理人员去解决，甚至可能需要改变组织的结构类型，例如从职能型结构改成分部型或矩阵型的组织结构。

职能型组织结构只适合完成一些适合它的任务或目标，不一定适合达成我们当前的目标。职能型结构的主要优势是它能够使职能更加专业化，每个职能领域的员工可以培养出专业技能，那些事先拥有良好专门技能的员工，可以应聘进入特定的职能领域，这种"技能结构化"模式使各职能部门更加专业。

然而职能型组织结构也有它的问题。随着组织规模的扩大，它的很多优势都将被某些致命的劣势所抵消，例如其中最致命的劣势是随着组织规模的扩大和产品（或服务）数量的增加，负责组织整体运营的管理者注意力将被分散到每一个狭窄领域，以致有些产品或服务得到更多的关注，而其他产品或服务受关注程度严重不足。

以我们目前的流程为例，如果新增加一个职能部门来负责这一流程，上层管理者就要在其现有工作的基础上增加一份新的工作，这个工作还不一定好做，因为毕竟是一个新的流程，大量的工作需要协调，上层管理者能不能忙得过来是个问题。

还有一个与此相关的问题是，随着组织规模的扩大，管理者主要关注的是每个职能部门（如生产制造和销售）的效率，而不是某一特定的产品类别及其相关的客户群。这样的职能结构虽然可能会有效地生产出产品，但却可能与市场脱节。很多大型组织（如2000年以前的微软）都深受其害，以致它们纷纷放弃职能型结构，转而采用分部型结构（见图4-7）。

在图4-7的分部型组织结构中，图中虚线把CEO以下的部分分成三大部门，分别是"国内部""国际部"和"公司服务部"。因为"公司服务部"要为两个部门提供服务，可以看作全公司的辅助部门。因此，图4-7中的组

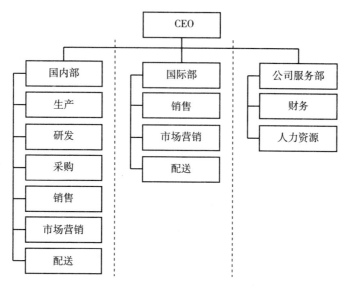

图4-7 分部型组织结构

织实际上只有两个核心部门，即国内部和国际部。国内部重点在国内销售产品，国际部重点是在国际上销售同类产品。国内部和国际部两个部门各自有自己的总经理，对各自地域范围的盈亏负责。向国内运营部总经理汇报的职能领域，包括生产制造、研发、采购、销售、市场和配送，而对国际部总经理汇报的，则只有销售、市场和配送。国际部的总经理，要依靠制造实体生产的产品，该实体却直接向国内部总经理汇报。此外，国际部的总经理还要通过向国内部汇报研发情况，来寻求新产品开发领域的帮助。换言之，国内部是一个实实在在的部门，而国际部并没有控制那些直接影响其结果的职能领域。由图4-7可以看出，为了组织的整体利益，两个部门共享的职能领域应该如何分配时间和资源。

现在的问题是，在分部型的组织结构下，我们的目标和流程应该位于何处？是再建立一个部门，还是并入组织中现有的一个部门？当与其他部门共享职能领域时，资源如何协调分配？当组织结构更加复杂化时，这样的问题就越加复杂了。

当我们的组织结构是矩阵型时，我们是不是要组建一个项目团队（见图4-8）？

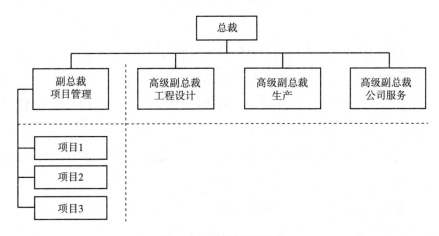

图4-8　矩阵型组织结构

图4-8是矩阵型组织结构图。图中的虚线不属于组织结构图，只是画出来帮助读者理解该种组织结构。

矩阵型组织结构起源于航空业，这种结构旨在同时获取职能型结构和分部型结构的优点。如图4-8所示，矩阵型结构将不同的项目或产品，列在矩阵组织结构图的最左列（图中纵向虚线的左方），项目管理部门负责管理这些项目（在横虚线上方）。在矩阵型组织结构中，项目的数目取决于任务的需要。例如，我们现在要为组织实现一个新的目标，此时我们就增加一个项目，任命一个项目经理负责此项目，项目经理向项目管理副总裁汇报。在图4-8中共有三个项目，其中每一个项目都有项目经理。当组织规模足够大时，就由一名管理者专门负责协调所有这些项目。在矩阵的另一侧——也就是水平虚线的上方、垂直虚线的右方——是不同的职能领域，每一个职能领域都由一名专门负责该职能领域的主管来领导。

矩阵型组织结构的运作方式，是通过让项目经理从各个不同的职能领域中"借调"人员为他们的项目工作。当项目结束之后，员工们返回原来的职能部门。比如，一家大型的航空公司正在为国防部设计一种新型飞机，他们就会借调工程师并将他们分配到项目之中。当这些工程人员的使命完成之后，他们回到公司的工程部等待再分配。在这种结构之中，一名工程师可能同时会牵扯到不止一个项目。

现在的问题是，如果我们的组织结构是矩阵型的，是不是须为此时要实现的目标而组织一个项目？如果我们的流程不是项目流程怎么办？进一步说，如果我们的组织结构更加复杂，例如是三种基本组织结构经过组合之后的混合体，我们的任务流程要位于组织结构的什么地方？

对于组织结构的细节我们在此不做深入的探讨，所要说的是：我们在确认了实现目标的流程之后，必须先看看组织结构，需不需要对组织结构进行调整？组织在进行设计时所采用的组织结构化原则，是工作和角色依据用以实现某个目标的特定关系而建立，这些特定关系形成了该组织特定的结构化布局，这种布局为实现组织的各项目标打下了基础。

组织结构化的设计初衷，是为了最有效地完成组织的多项目标任务。它为同时完成多项工作组织资源的方式，就是"技能结构化"；它为结构化了的技能来组织人员的方式，就是"人员结构化"。

技能结构化和人员结构化，这两种结构化使得组织的结构极具复杂性。然而也只有这样的复杂性，才能在那样大的规模上，处理其内部或外部多元协作的复杂性。也正是由于组织结构化的复杂性，才使组织有那么强的力量去推动人们行动，完成组织的种种目标。

2. 技能结构化

组织结构化的重要内涵之一是"技能结构化"，指的是将相关的技能结构化到相应的职能部门之中，形成组织的技能，因此不是对个人技能的结构化，而是对组织技能的结构化。之所以需要技能结构化，是因为组织需要面向多个流程对资源进行组织，如图4-9所示。

图4-9中，组织把技能结构化到具体的部门之中，分别是"技能1"～"技能4"。组织中的三个流程都要用到"技能2"，每个流程在需要"技能

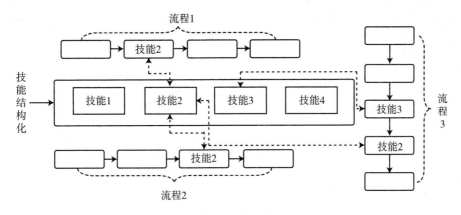

图 4-9 技能结构化

2"的时候，都去调用"技能 2"的服务；同样，图 4-9 中的流程 3 需要"技能 3"的服务。

　　以医院为例，各个专科诊室的流程都要调用"化验"这一技能，医院不可能为每一专科流程都设置"化验"这一技能的工作单元，只能通过技能结构化，把"化验"这一技能结构化到化验科室的流程之中，为医院每个治疗流程提供服务，只有这样才能够最经济地利用医院的化验资源。在流程上，等于每一个诊断治疗流程，都把"化验"这一嵌套流程外包给了化验科室。所以我们可以说，技能结构化，在某种程度上是一种通用技能的"外包"。例如在医院中，同样的外包还有"挂号""付费""公关""人事""管理"等众多例子。这一技能结构化的组织设计思路，最大地发挥了医院资源的效用。

　　技能结构化把组织的技能以团队或部门的形式表现出来，一个团队或部门，就代表了组织的一项技能或能力，技能结构化为组织的技能提供了柔性。像医院这样的组织，为什么不围绕目标客户（给特定病人看病）组织资源呢？因为这样容易失去原有职能部门的柔性。例如，化验员可以为许多病人服务，如果他被组织到特定目标病人的团队之中的话，其柔性就消失了。

　　对技能的结构化，形成了职能部门或团队；对职能部门的结构化，组织了完成目标所需的各项业务工作关系；对管理层级的结构化，规划了组织的纵向工作报告关系。组织中所有先期的技能结构化，为我们现在的流程和团队打下了基础，如图4-10所示。

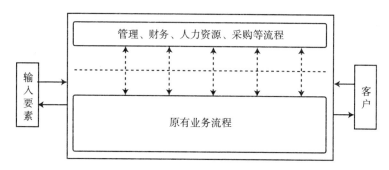

图4-10 原有流程，原有技能结构化

图4-10是我们确立新目标之前，组织的原有业务结构流程图。其中支持流程是原本就存在的基础设施，原有业务流程与我们新的目标也有交互作用，例如新的广告要投放到原有网站的内容中去，所有这些都是我们新目标的基础。当新的目标确立之后，流程也确认了，团队也设计好了。这三步的成果结构化到组织的原有结构之中，形成了组织新的结构化，如图4-11所示：

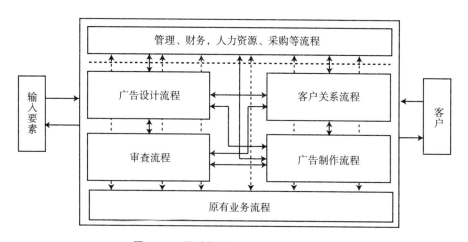

图4-11 网站新增流程在组织中的存在

在图 4-11 中，新的组织结构被内嵌到原有业务流程和支持流程的结构之中，它以组织先期就已经存在的流程为基础，原流程以技能结构化的方式，被结构化到组织的各个团队或部门之中，形成了先期的技能结构化。我们现在的新流程，以之前的技能结构化团队或部门为基础，尤其需要得到管理、财务、人力资源、采购等支持流程的配合，以满足新增的开支、新的资源投入、新的客户和新的产出。如果没有组织层面先期技能结构化出来的那些团队和部门，现在的新目标如何得到财务的支持？如何获得资源和人力？如何内嵌到原有的业务之中去？显然都是不可能的。

我们现在的新目标，是先以组织的技能结构化为基础的，同时又为组织新添加了结构化的技能，即广告设计和制作技能。结构化的思想和方式一直在组织中延续，而在当前目标刚刚完成了团队组建计划的这一步，我们只有靠组织出面，才能打通原有技能结构和新技能结构之间的通道。这种打通仍然是以结构化的方式进行的，实际上是在对组织进行重新设计，也就是对原有的组织结构进行重新规划、构建、创新或再造。新的目标使原有组织产生了改变，甚至脱胎换骨。

不要以为确立一个新目标是简单的事情，其实这个新目标在组织的层面上需要完成的工作很多，需要组织内各部门和人员之间的正式关系和职责结构化（配合组织结构图和角色说明书），还要重新规划命令链，即规划出组织最高部门向下属各部门、人员分派任务和从事各种活动的方式，还要确定出组织对各部门、团队的协调关系（以上下级关系为基础），还要确立组织中权力、地位和等级的正式关系（职权系统）。技能结构化的内容这么多，组织不出面的话许多事情就办不成，目标完成就会成问题。

3. 人员结构化

组织是一个追求目标实现的人员群体，它对人员的需求并不仅是人员本身，组织需要的是能够扮演具体工作角色的人员。换言之，组织真正需要的是角色，角色由一组职责/责任构成，是我们匹配责权利的容器。能够胜任组织中具体工作角色的人员才叫员工，无论这个人员是真正的人类还是一个机器人。角色是特定工作岗位对员工行为的期望，角色这个容器中所包含的是期望扮演某角色的员工所担负的责任。

人员有人员角色，部门有部门角色。由于人类个体的能力是千差万别的，一个人不一定能够完成特定角色的全部责任，更不大可能完成一个部门或团队角色的全部任务。如何让组织中的各个角色都完成自己的任务呢？答案是通过人员结构化。

一个角色的责任，可能靠一个人无法完成。那么几个能力互补的人共同承担角色的责任，也许就可以完成工作。这就是人员结构化，它是指把具有互补能力的人员结构到一起去完成特定工作。因此，人员结构化是围绕某项职责或流程组织人力资源的。

从更高的角度去看，整个组织或团队中的人员安排都是结构化的。各种能力的人员，在团队或组织之中形成协调互补的分布形式，从而使人们的能力得到最佳的发挥，完成组织中各角色的任务。

人员结构化把人员能力结构化到团队或部门的内部，使之在工作能力上形成配合互补，更好地发挥团队或部门的职能。我们在团队协作一章中已经知道，任何部门或团队虽然外在地表现为某种能力或技能，但为了充分发挥其能力，内部成员之间的能力却是需要互补的，这种互补性就是其内部的人员结构化。从整个组织的角度去观察，人员结构化分布到了整个组织内部。没有这种人员的结构化，组织就无法发挥出各功能部门或团队的最大效用。

具体的人员结构化可以举一个例子。假设某一目标的确立最终导致了一批工作的出现，而这些工作需要由特定的人员来承担。为了实现团队中的人员能力要求，实现能力互补的最佳匹配，人力资源部门通过一道称之为"工作分析"的程序，来确定某一工作的任务和性质是什么，以及哪些类型的人适合被雇用来从事这一工作。"工作分析"这一工作的最终目标，就是能够把合适的人用在合适的位置上，这就是人员结构化。

再以当前目标组建的团队为例。人员结构化指的是团队中的人员能力是互补的，他们有不同的知识和能力，每个人适合团队中不同的岗位，合适的人用在合适的位置，即在分工时参考组织的特性、人员的性格、性别、技能等特点进行结构化分工。

把合适的人用在合适的位置上并不容易做到，人力资源部门的工作分析需要解决的问题有好几个，例如人员需要完成什么样的脑力和体力劳动？工作将在什么时候完成？工作将在哪里完成？员工如何完成此项工作？为什么要完成此项工作？完成工作需要哪些条件等。

在一个组织中，人力资源部门进行的工作分析是持续的，因为在瞬息万变的工作环境中会不断产生新的工作，旧的工作也要重新设计。工作分析中的数据对人力资源管理的每一方面都有影响，其分析资料主要作用在人力资源计划方面，这个计划将要应用到我们的新目标上面来。因此，组织方式为人员结构化提供了基础，没有组织中人力资源部门的支持，目标的实现就会缺乏人力的配合。

前面的组织结构图是对"技能结构化"的表现，能力拼图则是对人员结构化的描述，多名员工的能力可能构成组织需要的一项比较完整的技能（见图 4-12）。

图 4-12　人员结构化，团队中人员能力是互补的

4. 横向和纵向互动

前面谈了技能结构化和人员结构化的问题，也就是职能部门的横向和纵向关系，以及如何把合适的人用在合适的岗位上。具体岗位上的人员，如何在横向和纵向与上下左右的人形成良好的互动关系，就是下面要讨论的问题（见图4-13）。

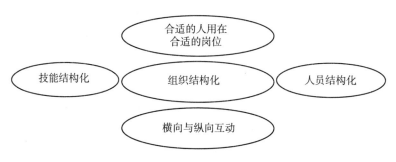

图4-13 组织结构化设计

横向与纵向的互动是横向同级部门的互动（主要是团队间的互动）和纵向上下级的互动（见图4-14）。在一个岗位上，纵向的关系就是谁领导谁、谁服从谁的关系，这在组织结构图的维度中属于权力层级维度，描述谁向谁报告，以及每个管理者的管理跨度（管理的跨度就是控制幅度，指的是向某一管理者直接汇报的员工数目）。

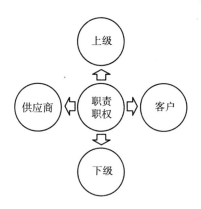

图4-14 横向与纵向互动

组织的纵向的上下级关系可以从角色层级来考虑。一般组织结构中有5

种明显不同的层级，如图 4-15 所示。

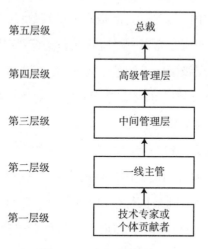

第五层级　　总裁

第四层级　　高级管理层

第三层级　　中间管理层

第二层级　　一线主管

第一层级　　技术专家或个体贡献者

图 4-15　组织层级结构

图 4-15 中的角色聚集起来构成了组织的纵向层级结构，其中的每一层级纵向监管和协调下属层级的工作，并向上面层级定向汇报。每一层级都由一组工作职位构成，这些职位可以通过所做工作的性质进行比较。

技术专家或个体贡献者：主要从事技术性和个体贡献性工作，不领导任何人员，贡献的不是管理技能，并向一线管理者纵向汇报。占据这个层级的员工通常涉及广泛的技术性工作，比如计算机编程、销售、生产、行政工作等。团队中的人员可能不一定是入门级员工，例如某公司为实现跨部门间的沟通，建立了跨部门的运营委员会（跨领域团队），将公司内部各个分支和部门的中层管理者召集到了一起，这个团队中的成员就大多不是入门级员工。

一线主管：该层级的员工也要做一些技术性工作，但是开始有更多的职责来监管组织内的技工和个体贡献者。许多团队主管就是一线主管，他纵向向上一层级汇报，并管理自己的团队内部人员。团队主管负责团队内所有人员之间的横向协调，他与同级团队之间的协调由更上一级的管理人员负责。

中间管理层：该层级的员工监管一个或更多层级的其他管理者，他可能监管流程之中的一个或多个团队，协调各团队之间的工作。然而除了一线主管层级的管理者外，他可能还监管着其他层级的管理者（如绩效考核）。组织最终可以拥有很多中间管理层。但是，不论其数目如何，中层管理者的首要职能是监管和协调职能，充当一线监管者和高级管理层的纽带。

高级管理层：该层级倾向于两种主要职责，管理公司内某一项或多项主要职能和同时协助 CEO 或 COO（首席运营官）对整个公司进行计划和管理。两种职责分别是纵向向上和向下的。

总裁层：当组织发展到一定阶段时，组织会将总裁一职分解为 CEO 和 COO 两个职位。CEO 对公司的整体计划和前进方向负有最终责任。COO 的主要职责是以日常运营为基础来执行公司的整体战略规划。本书的主要读者就包括 CEO 和 COO，且会更倾向于 COO，因为负责运营管理职责的人与流程的关系最为直接。CEO 和 COO 这两个职位可以看成组织中的单独一个层级，高级管理层向他们汇报。

汇报关系就是下面层级向上面层级汇报的纵向关系。汇报关系在多大程度上得以清晰界定？是否每一个在职者都拥有足够权力以有效行使其角色职责？汇报关系应该如何界定，为了支持我们的目标需要拥有哪些权力？组织结构图中应该清晰界定出这些汇报关系，这样一来我们的流程才能得以运行。

控制幅度（管理的跨度）也是一个重要的纵向关系，对于流程和团队的协作非常重要（见图4-16）。控制幅度指的是向某位管理者直接汇报的员工数目。图4-16中，CEO 的控制幅度是3，国内部的控制幅度是6，国际部的控制幅度是3，公司服务部的控制幅度是2。

管理者的控制幅度越大，监督每名员工的成本就会越少，因为监督成本分散到了更多员工的身上。如果缺乏高度发达的控制系统（绩效管理系统），管理者想要有效工作，他所能监控的员工数目是受到限制的。反之，为了控制幅度的减少而超过实际需要来雇用更多的管理者，这样做代价是很高的。这说明，团队中的人员不能过多，也不能太少（建议3~14人为宜），流程管理者负责协调的团队也不能太多（不要超过9个）。所以有效的控制幅度，

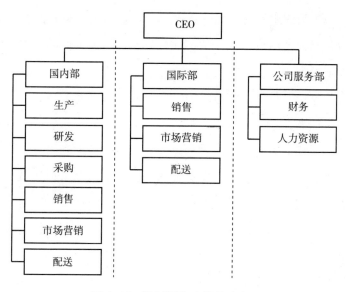

图 4-16　控制幅度（管理跨度）

要在每名员工监控成本的降低和管理无效造成的成本增加之间进行权衡。组织内存在的控制幅度和组织层级呈负相关关系，控制幅度越大，组织层级越少（越扁平）；控制幅度越小，组织层级越多。

横向的关系就是谁为谁服务、谁是谁的供应商、谁是谁的客户的关系，是同一权力层级的关系，也是彼此之间构成价值链和质量链的关系。

组织中的每一个人都拥有客户和供应商。在客户方面，一些是外部客户，另一些是内部客户。外部客户可以是购买组织最终服务或产品的终端用户，例如广告公司的客户就是外部客户。内部客户可以是员工或流程，他（它）们依赖来自其他员工或流程的输入来完成自己的工作。例如制作广告的员工，就是广告设计与计划流程的一个内部客户。无论从流程的角度还是从职责/责任的角度去理解，组织结构中的每一个人都有自己的客户。从这个角度讲，无论是对内部客户还是对外部客户，都必须从关心客户的角度来思考和管理自己的职责。对所有职责来说，一个永恒的问题就是：我的工作是否达到或超出了客户的期望？

同样，一个组织中的每个团队或每一个人都有赖于供应商的服务。外部供应商可以是其他组织或个人，他们提供资源、服务、产品和原材料，以满足组织近期或长期的需要。内部供应商可以是员工或流程，他（它）们向员工提供重要信息或原材料。要想成为一个有效的管理者或员工，了解职责之间的顾客—供应商关系是十分重要的。

从以上关于横向纵向互动的讨论可以看出，在横向和纵向的链条上存在着相互依存的关系：一个人或团队的输入，依赖另一个人或团队的输出，横向互动不好，容易造成整个流程的低效甚至瘫痪；纵向互动不好，影响组织的命令链和信息流。做不好横向和纵向互动，说明组织结构化的运行力不行；运行力不行，执行力就不行。哪怕组织中的人都是很有能力的人，如果组织的结构化没做好，那么横向和纵向也互动不了。

5. 小结

无论是组织结构化、技能结构化还是人员结构化，其结构化设计的根本指导原则是形式必须服从于职能，也就是组织结构的形式应该尽可能实现组织的整体职能，组织结构化的目的就是要充分发挥这些职能的最佳效用。

以企业为例，如果组织的职能是开发新产品和新服务，由职能单元所构成的组织结构或形式，就应该按尽可能完成该职能的模式来设计。类似地，如果组织的职能是设计并尽可能高效地生产某种产品，那就应该设计可以实现该目标的组织结构。这个原则也意味着，并不存在最优的组织结构。要实现我们当前的目标，调整组织结构可能是必要的。

组织一定是按照结构化运作的，而不是一盘散沙式地随意运行。一盘散沙的运作方式是非结构化组织的特征。所以，正式组织一定是结构化的，它是按照上面讨论的整体思路来建立的，也是我们把新的流程和团队融入组织的基础。组织方式也是我们激活组织执行力的重要因素之一。

（三）处理好非正式组织的问题

在我们的组织内部存在着一些非正式的群体，或称非正式组织。有些管理者起初可能对之视而不见，但深入研究后会发现，这些隐形的组织会对绩效产生重大的影响（见图4-17）。

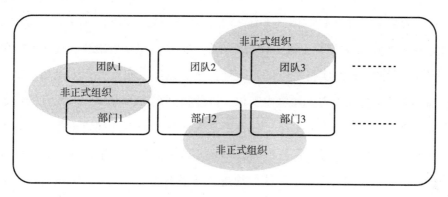

图4-17 非正式组织

图4-17中最外面的黑线条代表组织的边界，组织中有正式的团队或部门，同时一些非正式的组织（椭圆形表示）渗透到组织的各处。由于从众心理和所处组织中的角色感，非正式组织对其成员起到潜移默化的作用，从而使任何一位在组织中工作的员工，都可能受到来自多个组织的交互影响。

我们经常可以在许多大大小小的组织内部看到，非正式组织的影响力有的时候比正式组织还要大。许多管理者身边都有一群亲信，形成了一个非正式组织。当这个管理者调任到其他部门时，如果可能的话，他会把自己的亲信都带到新的部门去。非正式组织的力量之大，使得"职场站队"成了许多组织的"潜规则"之一。俗话说"一朝天子一朝臣"，任何管理团队的负责人或团队主要成员的交替更换，往往会带来非正式组织的同时更换，有人称之为"换血"。许多组织内不但有大的派系，小圈子、小团体也比比皆是。

非正式组织从古至今就一直存在于各种正式组织之中。对于非正式组织公认的理论研究，开始于美国西方电气公司所属的霍桑工厂的一项实验，该实验是1924年美国国家科学院的全国科学委员会负责的，这就是著名的"霍桑实验"。

霍桑工厂是一个制造电话交换机的工厂，具有较完善的娱乐设施、医疗制度和养老金制度，但工人们仍愤愤不平，生产成绩很不理想。为找出原因，美国国家研究委员会组织研究小组开展实验研究。在两年多的一系列实验中，群体试验揭示了非正式群体（非正式组织）对绩效的影响。在这个试验中，研究者选择了 14 名男性工人，让他们在单独的房间里从事绕线、焊接和检验工作，并对这个班组实行特殊的工人计件工资制度。实验者原来设想，实行这套奖励办法会使工人更加努力工作，以便得到更多的报酬。但观察的结果发现，产量只保持在中等水平上，每个工人的日产量平均都差不多，而且工人并不如实地报告产量。深入的调查发现，这个班组为了维护他们群体的利益，自发地形成了一些规范。他们约定，谁也不能干得太多，突出自己；谁也不能干得太少，影响全组的产量。他们还约法三章，不准向管理当局告密，如有人违反这些规定，轻则挖苦谩骂，重则拳打脚踢。进一步调查发现，工人们之所以维持中等水平的产量，是担心产量提高，管理当局会改变现行奖励制度，或裁减人员，使部分工人失业，或使干得慢的伙伴受到惩罚。这一实验表明，为了维护班组内部的团结，可以放弃物质利益的引诱。由此提出"非正式群体"的概念，认为在正式的组织中存在着自发形成的非正式群体，这种群体有自己特殊的行为规范，对人的行为起着调节和控制作用，同时也加强了内部的协作关系。这一"非正式群体"的概念，就是如今"非正式组织"概念的起源。

非正式组织理论的提出，促使管理者开始重视组织内非正式组织对工作的影响。非正式组织是伴随着正式组织的运转而形成的，团队内部或团队之间的人们都可能形成非正式组织，它的形成过程就像一个朋友圈的形成那样：起初，组织内的一些成员之间的私人关系获得了进展，从相互接受、了解逐步上升为友谊，这样就慢慢形成了组织内的"影子组织"，它不是正式成立的，是无形的，也没有明确的边界和组织架构，但却与正式组织有着千丝万缕的联系，是脱胎于正式组织但又独立于正式组织的小团体，其特点是以情感、兴趣、爱好和需要为基础，以满足个体的不同需要为纽带，其成员由于工作性质相近、社会地位相当、对一些具体问题的认识基本一致、观点基本相同，或者在性格、业余爱好以及感情相投的基础上，产生了一些被大家所接受并遵守的行为规则，从而使原来松散、随机性的群体，渐渐转变为一个趋向固定的组织，即"非正式组织"。在我们的组织内可以看到这样的非正式组织，如同乡会、股票群、业余文体活动组织、集邮组织、绘画组织等都是非正式组织。

非正式组织不像正式组织那样是以目标的基础形成的，其形成和延续的共识基础不是目标，而是需要。这个基础的差异，会使非正式组织的存在对正式组织的目标产生或好或坏的影响。正如前面的霍桑实验揭示的那样，非正式组织一旦形成后，也会形成各种行为规范，以制约组织中的成员。这样会使其成员的行为同时受到正式组织和非正式组织的双重影响，甚至受到非正式组织的影响更多一些。

其实，正式组织中的团队发展到强大而有凝聚力时，常常表现出一些非正式组织的特征，例如团队内部有了自己的潜规则等。这种非正式的规范，甚至造成团队的目标偏离了组织的目标。这种团队发展中存在的不当现象，其结果与非正式组织的影响极其相似，团队个体成员也会承受团队规范的压力而导致绩效的下降，这又与霍桑实验的情况差不多。

非正式组织一般没有明确的组织机构或章程。其中的核心人物，由于个人威望或影响力等而成为自然领袖。非正式组织的思想基础与行为准则，往往是一些共同的习惯、观点等，组织的稳固性不强，主要以感情和融洽的关系为标准，要求其成员遵守共同的、不成文的行为规则。

管理者需要重视的是，一方面，组织内的非正式组织，是不以管理者的意志接受与否而客观存在的，对非正式组织只能引导，无法取缔，且其消极作用是难以禁止和取消的。另一方面，非正式组织具有许多有利于正式组织的积极作用，所以组织的管理者应充分对非正式组织加以引导，以消除其对组织的消极作用，并获得其积极作用的助力。为了更好地引导非正式组织，管理者应该了解它的优点和不足。

非正式组织的一些优点如下：

（1）弥补不足。任何一个正式组织无论其政策与规章如何严密，总难免出现漏洞，非正式组织可与正式组织相辅相成，弥补正式组织的不足。

（2）协助管理。正式组织通过建立和宣传正确的组织文化，获得非正式组织的支持，可提高工作效率而促进任务的完成。

（3）加强沟通。非正式组织可使员工在受到挫折或遭遇困难时有一个自我调整的通道，从而获得安慰和满足。人们在非正式组织中的频繁接触，会使相互之间的关系更加和谐、融洽，从而易于产生和加强合作的精神。

（4）纠正管理。非正式组织可促使管理者对某些问题做出合理的处置，发生制衡的作用。

非正式组织还有以下一些需要注意的问题：

（1）非正式组织的压力会抵制正式组织的变革。非正式组织往往变成一种力量，刺激人们产生抵制革新的心理，发展组织的惰性。

（2）滋生谣言。在非正式组织中极易产生谣言，以讹传讹信以为真，对绩效产生影响。

（3）非正式组织要求成员一致性的压力，往往会束缚成员的个人发展。例如某员工如果在其工作上特别尽力，很可能会受到非正式组织中其他成员的排斥，这使得其成员不敢过分努力工作，霍桑实验时发生的情况正是这样的。

（4）操纵群众。非正式组织的领袖，常利用其地位对群众施以压力和操纵。

（5）目标冲突。非正式组织的目标如果与正式组织的目标相冲突，则可能对正式组织的工作产生极为不利的影响。

从以上分析可知，非正式组织对正式组织的影响既有积极的一面，也有消极的一面。因此，管理者要正确看待非正式组织，化消极为积极，使非正式组织在管理方面起到助推的作用。

在管理策略方面，首先要直面非正式组织存在的不可避免性，其次要限制或消除非正式组织的消极作用，最后要发挥非正式组织的积极作用，从而在对非正式组织的管理上形成完整的管理思路链条。

在直面非正式组织的存在方面，要先承认和接受它，然后对其进行研究和分析，看看本组织中存在哪些非正式组织，它们是怎样产生的，有多大规模，是如何开展活动的，有无中心人物等，以这些信息作为之后进行引导的基础。不要对非正式组织进行抹杀，那样往往会起到相反的作用。

在限制或抵消非正式组织的消极因素方面，要看到非正式组织往往不愿意变革，更愿意生活在现在认为舒服的状态。这其实是人性的常态，这样的特性很容易对组织的变革造成消极的影响。管理层的正确策略不应该是一味斥责和抹杀，而是应该引导其看到改革对正式组织和非正式组织的好处，这就要求正式组织特别要抓好对非正式组织的监控工作，在管理上针对具体情况进行分析是比较重要的。

在发挥非正式组织的积极作用方面，我们已经看到了前面罗列的非正式组织的好处，管理者可以多从这些方面对非正式组织加以利用和引导，例如设置特定的场所，从而使非正式组织的活动处于相对正式而可控的环境之下，设立满足成员情感心理要求的活动，如联谊会、沙龙等，以满足组织成员发泄心理不满、实现内心交流的需求。各级管理者应深入到非正式组织之中，这样更容易发现和发挥非正式组织的积极作用。

总之，正式组织应本着直面现实、趋利避害、扬长避短的原则对非正式组织进行认识和引导，限制其消极的一面，发挥其积极的一面，使非正式组织与正式组织的价值和谐一致，以更好地激发实现目标的执行力。

（四）基础训练四：组织方式

回忆自己所在的一个组织或团队，想想其工作人员是怎么组织的，是不是按照一定的组织结构来运行的，有没有组织结构设计图。除此之外，还有没有其他没有经过设计就存在的"组织"，想想都是一些什么样的"组织"（我们称这种组织为"非正式组织"）。根据所学习到的组织方式激活方法，认真完成下列任务：

（1）请描绘出设计的组织结构图。

（2）请选择出结构图中的一个团队或一个人，识别出其设定的职权、职责和上下左右关系。

（3）回忆一下某个团队或某个人在组织或团队中是否发挥了他（或他们）的特长，为什么？

（4）回忆一下组织结构完成设计后，是否真的是按这个结构运行的？运行了多长时间？它是否有利于目标的实现？

（5）除了设计的组织外，有没有存在其他"组织"，这些"组织"有哪些？分别在组织或团队中起到了什么作用？

第 **五** 步

控制执行的结果：绩效考核的激活

提高工作绩效最快的方法是改善个别动作或局部工作的绩效。只有改善局部绩效，才能系统化地提升整体绩效。

——德鲁克

（一）绩效考核框架概述

我们已经来到了七步激活执行力模型的第五步：绩效考核（见图5-1）。

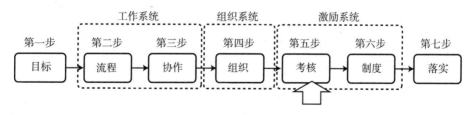

图 5-1　第五步，绩效考核

在组织的三大执行系统中，绩效考核与制度管理共同构成激励系统。绩效考核是绩效管理系统的一部分，绩效管理系统又称为组织的控制系统，它在工作时运行的是组织的绩效管理流程。我们这一步的任务，就是把实现目标的任务流程与绩效管理流程对接起来。

在组织的价值链中，我们确认的流程，其核心部分体现为组织的工作系统（行为系统）。该流程有其自身的目标，它不但要融入组织的执行系统，还要与组织的控制系统——绩效管理系统对接起来，以便在后者的控制之下按质按量实现流程的绩效目标（见图5-2）。

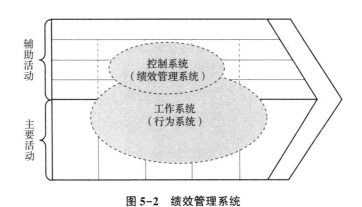

图5-2　绩效管理系统

图5-2是组织的价值链简略图。图中的工作系统（行为系统）是我们之前确认的流程中的主要部分。控制系统就是绩效管理系统，它属于组织固有的基础设施。组织的工作系统是绩效管理系统的工作目标，绩效管理系统对工作系统进行控制。

任何规模的组织都需要一定形式的绩效管理系统。当组织规模很小的时候，管理者自己可以通过日常管理和监督来控制组织的运作，进行控制所需要的协调和信息几乎是在潜移默化中完成和获取的。然而当组织不断扩张后，员工增加到了一个可观的数量，管理者全面控制组织运作的能力开始下降，组织会经历由低效的绩效管理系统带来的成长阵痛。正式的绩效管理系统不完善，会使组织无法了解哪一部分出了问题。经过大量的挫折之后，管理者才发现，他们面对的关键挑战是控制工作系统的运行。

　　组织雇用员工，主要是把他们安排到工作系统中，并匹配了相应的责权利，希望他们能够借助工作流程完成某个或某些目标，但是仅仅这样是不够的。为了确保组织目标得以实现，管理者必须对员工行为加以引导，因此必须建立绩效管理系统，并由相关的人员或团队负责并实施绩效管理的流程。

　　组织运用各种不同方法来控制员工的行为，包括人员监督、职位说明、制度、预算和绩效评估等，这些方法都是绩效管理系统的组成部分。总之，对于一个发展到一定阶段的组织来说，具备正式的绩效管理系统十分必要。

　　绩效管理，是指通过影响组织成员行为实现组织目标的过程。绩效管理系统，是一套帮助管理员工业绩的机制，其目的是以组织目标来指导员工的执行方式，它包括从正面激励员工实现目标，并从侧面影响员工按组织预期的方式行事，以提高实现目标的可能性。激励员工实现组织的目标，是绩效管理系统的最终目标。绩效管理的主要目的不是要控制员工的行为，而是影响他们在决策时与组织目标保持一致，并采取相应行动。

　　理想情况下，绩效管理系统的目标，是增强组织成员（含团体）的目标与组织整体目标的一致性。如果组织目标能同时符合成员自己的目标，那就能最大程度地激励个人实现组织目标的积极性。

　　其实，尽管组织成员的目标和组织目标通常会在一定程度上相吻合，完全一致的情况却是较难达到的。因此，绩效管理系统只是通过控制的方式增加了实现目标的可能性。对于设计和运行良好的绩效管理系统来说，其效果比没有控制的情况能够增加80%左右实现目标的可能。

　　绩效管理系统有三个任务：一是影响员工的决策与行为，以使员工的目标与组织的目标相契合；二是协调不同团队和部门之间的工作，以使组织获取最大效益；三是提供必要的反馈信息，以使组织据此评估成果并根据需要做出修正。

　　对于第一个任务，绩效管理系统必须以适当的方式影响员工的决策与行为。如果绩效管理系统缺乏有效性，员工在做出决策和行动时，很可能只是按个人需要和目标来行事，而不会与组织的需要和目标契合。

对于第二个任务，协调不同团队和部门之间的工作，这原本就是组织应该出面进行协调的工作。绩效管理系统正是组织的基础设施之一，它在我们的行为系统工作任务流程出现之前，甚至在组织刚刚诞生的时候就已经存在了。员工和部门无法单靠自己的努力就能与其他人协调一致，即使他们试图为组织谋求最大利益，他们也会发现自己的工作目标与其他人或部门有交叉，对工作进行协调的任务，此时就落到绩效管理系统的身上了。

对于第三个任务，提供工作系统的反馈信息，这些就是组织运作成果信息和员工业绩的具体信息（含正反馈和负反馈），组织能够根据这些信息评估成果，并根据需要做出修正，这正是本章要特别讨论的绩效考核内容。

即使人们努力工作，仍然会出现需要修正的问题，修正的根据就是反馈回来的信息。例如当利润开始下降时，如果组织缺乏有关收入和费用的足够信息，必定不能采取正确的修正行动。在任何组织中，信息不充分都是导致糟糕绩效的主要原因。如果管理层不愿或不能提供积极或消极的反馈信息，员工就不知道如何提升业绩，他就仍将延续之前低效的工作状态。

绩效管理系统是用来控制某种类型的组织活动的，比如提供服务、销售或生产。更正式地讲，可将其视为一套机制，用来增大员工在特定的关键结果领域按实现组织目标方式行动的可能性。

绩效管理系统试图影响的活动或职能，就是工作系统或称为行为系统，这是绩效管理系统的"目标"或意图所在。比如说，如果我们要控制服务，工作系统就可以是一个服务人员，一个服务部门或整个组织。简言之，绩效管理系统试图帮助管理组织不同层次的员工业绩，这些层次包括个人、团队、部门、分支机构及整个组织。

一般来讲，从绩效管理的角度去观察我们的工作流程，它所看到的就是一个"目标—行动—结果"的序列。绩效管理系统试图根据目标的要求去控制行动，以便产生所要的结果。当结果出现之后，无论是最终结果还是中间结果，绩效考核系统都可以对结果进行检查和评估，然后去实施它的任务。一方面，以适当的方式去影响员工的决策和行为，做出鼓励或修正，这往往是以奖励或反馈的方式进行的；另一方面，则把必要的运作成果和员工业绩信息提供给管理层，这种信息里面包括来自于顾客期望的正反馈信息和以我们自己的目标对结果进行检查的负反馈信息，以便管理层根据这些信息对工作行为或工作系统进行修正。

总之，绩效考核系统对于收集来的信息进行了测评处理后，将两方面的信息反馈给员工和管理层，如图5-3所示。

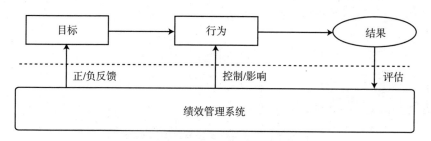

图5-3　绩效管理系统对流程进行控制和反馈

显然，绩效管理系统内部有其自己的工作流程，这一流程与我们实现目标的流程相匹配之后，便形成了开放系统的代谢环路，其细节如图5-4所示。

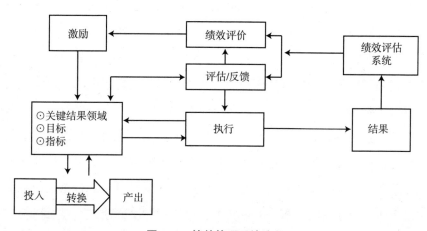

图5-4　绩效管理系统流程

图 5-4 反映了绩效管理系统的设计细节，其中的四个阴影部分，代表了绩效管理系统与 PDCA 过程的对应关系，如图 5-5 所示。

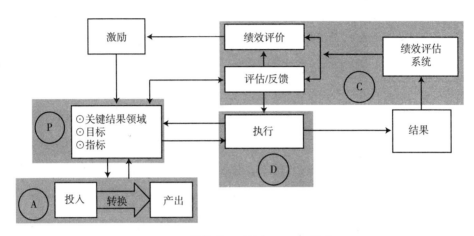

图 5-5 绩效管理系统与 PDCA 循环

如图 5-5 所示，绩效管理的过程是一个持续的 PDCA 循环过程。PDCA 分别对应着以下四项，即 P 为绩效标准，D 为绩效执行，C 为绩效评价，A 为绩效改进。这四者持续循环形成绩效管理的工作过程，其中的 P 和 C 两项，即"绩效标准"和"绩效评价"两项，就是绩效考核。

图 5-5 的绩效管理系统具有绩效改进的功能，其内在的逻辑告诉我们，绩效计划确定的绩效标准来源于工作流程，通过绩效评估后，对照绩效标准明确需要改进的方面，也必须从流程的优化或再造来达到改进目的。图 5-5 中的 A 代表了所要改进的工作流程。一切绩效都是流程产生的，而流程则会受组织的其他系统因素影响，这些系统因素有些会在本书中涉及，但整体的系统因素毕竟不是本书的研究范围。由图 5-5 可知，要改进绩效，就应当知道改进流程是上策。我们平时许多人有一个很大的误区，比如认为要降低成本就要用会计去算，于是去降低人工工资或是降低原材料的价格，结果优秀人才留不住，产品品质上不去。事实上，对流程的不断改进，就可以使成本这项绩效达到更佳。对其他绩效的改进也是一样的，如改进工作质量等。图

5-5 中 PDCA 循环中的 P 是制定标准，它通过做计划来表现，做计划应当从 A 中的原始流程来考虑，要改进绩效则又要根据绩效评估对 A 中原始的流程做出相关优化或再造，这种改进是一个不断地螺旋上升式循环改进过程。

在图 5-5 的绩效管理模型中，由于契合了戴明的 PDCA 管理循环原理，所以这个模型又可称为"'4+2'组织绩效管理系统模型"，其中的"4"就是 PDCA 的 4 项，"2"就是图 5-5 中未被阴影标明的"结果"和"激励"部分，它揭示了绩效管理的基本管理思路，以及结果导向的绩效管理和必须对绩效结果做出反应的理念。

图 5-5 反映了绩效管理系统与 PDCA 的对应关系。当我们要详细讨论绩效管理的过程时，则必须讨论图中的几个关键要素。为方便起见，我先把这些要素以数字的方式标明出来，如图 5-6 所示。

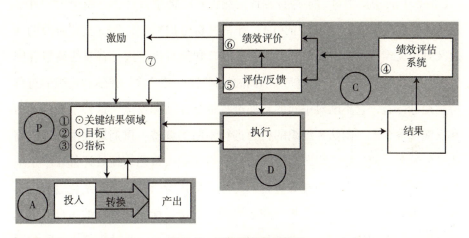

图 5-6　组织绩效管理模型

图 5-6 中包含了 7 个关键的要素，这些要素已经在图中标记了出来，分别是：①组织、部门、团队或个人的关键结果领域；②每一关键结果领域的目标，这个目标也包括我们在七步激活执行力第一步时确立的目标；③绩效考核指标，这些指标是从目标中定义出来的、符合 SMART 原则中特定的、可衡量的和有期限的指标；④绩效评估系统；⑤评估/反馈或报告系统；⑥绩

效评价；⑦激励机制。

从宏观上说，假设在图5-6中所考核的是我们要实现目标的流程（图5-6中A的原始流程部分），这样的考核，其实是对整个组织、团队及个人进行绩效考核的一个缩影。因为考核的目标就是为了使流程的产出符合我们的预期。绩效考核始于流程，终于流程。它的考核标准就是图中①、②和③三个要素，即关键结果领域、目标和指标，这三者都是从需要考核的流程中定义出来的，其在绩效管理的工作内容中都表现为绩效标准。

有了绩效标准之后，这些标准就会被输送到个人、团队或组织中去执行（图5-6中D部分），执行之后就会有结果，在现实工作中，我们关注的可能是流程转换过程的中间结果，也可能是流程的产出即最终结果，还有可能是包含过程与结果因素的投入产出比。有了结果，我们就可以在绩效评估系统（图5-6中的④）中对结果进行测评。测评系统即绩效评估系统的第一件事就是评估和反馈（图5-6中的⑤）。评估过程是把每个工作过程和阶段的绩效及时地反馈到个人、团队和组织，从而有利于对执行进行有效的调整（图5-6中的D），所进行的调整是对照绩效标准进行的。这一评估和反馈的过程持续地进行着，它不断对中间的转换过程进行评估和反馈，这种不断的评估和反馈导致个人、团队和组织的行为进行不断的调整，以期最大限度地提高执行的效率，使达成流程所期望的结果获得了最大可能。绩效评价在一个绩效计划周期结束之后，即在既定目标完成之后进行，是一个系统化过程，为组织、团队和个人提供有关某一绩效周期内既定目标完成程度的信息，借此可以影响未来的执行行为（图5-6中⑥）。也就是说，此时我们所进行的评价就是对业绩的评价，由之而来的激励（图5-6中⑦）也是根据业绩来进行的，即它是根据个人、团队或组织的业绩与绩效标准的对比来展开的。

通过绩效管理的过程，我们会发现需要改进的工作流程内容。是改进产出、转换、投入或是投入产出比呢？从绩效管理中就会发现。

图5-6中的7个关键要素，构成了组织绩效管理系统的核心，为下一步的绩效改进（也就是A的工作）明了方向，也为构建激励机制提供了依

据。下面我们再来讨论一下各要素的细节。

（1）关键结果领域，也有译作"关键成果领域"，这是为实现个人、团队或组织整体目标所不可或缺的、必须取得满意结果的领域。应该注意的是，关键结果领域是活动的分类而不是活动本身。例如对制造型企业来说，关键结果领域可能包括产量、质量、报废和安全。对销售人员来说，关键结果领域包括销售、新业务开发、顾客服务和行政业绩。德鲁克认为，企业应当关注8个关键结果领域，即市场地位、创新、生产率、实物及金融资产、利润、管理者的表现和培养、员工的表现和态度、公共责任感。绩效管理的第一步就是要确认组织、部门、团队或个人的关键结果领域。对整个组织、分支机构、部门或个人来说，应该明确大约为5~9个关键结果领域。

（2）目标：包括但不限于我们在第一步确认的目标，这个目标是我们在上面确认的关键结果领域要完成的事情，它们是对每一关键结果领域需要完成任务的广泛描述，包括流程转换过程中间阶段的目标和最后结果。目标是绩效标准的"母体"，它为制定具体的绩效标准圈定了范围，它有助于指引或引导员工和团队努力获得期望的结果。

（3）指标：这是绩效考核的具体指标，它是具体的、可衡量的和有期限的，是可以"看得见摸得着"的具体目标任务，是对目标的具体化。例如，"安特龙写作组"团队的目标可能是完成本月任务，而完成的指标可能是10万字或每天更新3300字；销售人员的目标可能是为企业创造收入，而收入指标可能是上个月（或去年）的销售量再增加8%。指标的确定以管理层的判断、期望或历史数据为基础，它可以确立要实现的业绩水平，从而对员工起到激发作用，还可作为评价业绩的基准，并因此可以在实现业绩前后促进绩效管理措施的施行。指标是工作流程运行之前实施的业绩鼓励，管理者可以将指标作为衡量实际业绩的标准，并作为奖励的基础。

（4）绩效评估系统：在这个系统中实施的工作，是用数字描述目标性质或特性的过程。在绩效管理系统中，绩效评估系统有两方面作用，一是提供修正信息，二是进行行为影响，前者提供正负反馈的信息参考以及其他方面的绩效信息，后者针对个人、团队和组织的行为。

具体地说，在提供信息方面，绩效评估系统为后续对业绩的评估和目标导向的行为修正提供信息。以会计系统为例，其对财务和管理业绩进行的测评，构成了整个绩效评估系统的一部分。绩效评估系统提供有用的管理信息，此项功能还对非财务业绩进行测评，包括市场份额、市场指标和生产质量等。在影响行为方面，绩效评估系统是绩效考核的重点工具之一。绩效评估系统的主要功能是进行测评，而进行某种测评会对员工行为产生影响，因为员工倾向于对被测评的工作或目标给予更多的关注。

绩效评估系统中的测评过程，敦促绩效管理系统测评所有主要目标，从而避免一些重要的目标被忽略。比如说，如果一个销售团队以销售量为基础来衡量员工业绩，并据此派发绩效工资，员工就会只顾销售而忽略诸如存货等未被测评的职能。

（5）反馈或报告系统：各种不同的报告，从财务报表到成本报告以及其他业绩报告，不但包括了来自外部的正反馈信息，还包括了来自流程结果的负反馈信息。这些反映流程运作结果的信息提供给管理者和其他相关人员，所包含的信息以绩效评估系统对业绩的测评为基础，所进行的正负反馈使组织、部门和个人了解相对目标而言已经实现的业绩水平。定期反馈以及其他信息反馈，使组织、部门或个人有机会进行行为修正，以增大成功实现目标的可能性。如果没有反馈，目标的实现也只是碰运气的，偶然的。对结果的测评和报告，通常采用为业绩评估提供绩效考核表的形式，可以在个人、团队和整个组织的层次使用绩效考核表进行绩效考核。由于正负反馈是绩效考核的关键部分，我们后面还要细加讨论。

（6）绩效评价：绩效评价是绩效考核的重要内容，它是针对执行行为的。绩效评价在绩效管理周期的最后，即在既定目标完成之后进行，是一个系统化过程，它为组织、部门和个人提供有关某一绩效周期内既定目标完成程度的信息，借此可以影响未来的执行行为。这些评价通常包括正面评价信息和建设性的批评两个方面，前一方面可以强化与成功实现目标一致的行为，后一方面可以帮助员工了解怎样提高其业绩。绩效评价通常在两个层面上进行。在个人层面上，组织通常会采用绩效考核表，给个人提供针对其目标所取得绩效的信息反馈。在组织和部门层面上，绩效评价的过程需要来自于绩效评估系统的数据，这些数据包括诸如净收入、预算与实际情况的比较和投资回报等项目的评估报告，通常以这些报告或数据为基础对组织和部门进行绩效评价。通过绩效评价，组织将决定如何奖励个人和团队。

（7）激励机制：是针对员工采取实现目标的行动而做的一种肯定或否定的措施布局，以期促进达到所期望得到的结果。绩效管理系统提供各种不同的激励方式，包括金钱方面的奖励（诸如绩效工资或奖金）以及表扬和提升等。不管激励的性质如何，其目的都是一样的，即巩固优秀的业绩，并促进修正较差的业绩行为。应该因人而异地设立激励，因为不同的人看重不同的价值。有些人看重权力，有些人看重荣誉，有些人看重经济利益，可以根据人们看重的东西决定奖励。激励可以是外在的，也可以是内在的。当员工因为工作本身有趣而努力完成任务时，他们获得的奖励是内在的。当员工因为期望可以从他人那里得到回报而努力工作时，比如表扬或工资，他们获得的奖励就是外在的。此外，应该使激励与所期望的员工行为挂上钩，并使员工了解这种联系，这样才能使激励成为有效的手段。在行为发生前使用奖励能有效激励员工，因为员工对未来的奖励有所期待。一旦获得了好的业绩，奖励能够强化这种行为，并且增大这种行为再发生的可能性。没有得到奖励的行为其在未来发生的可能性会减小。

以上我们讨论了绩效管理系统的工作原理，可以看出其所有组成部分都会影响一项活动的运作，或影响执行的行为。

正如图 5-4 所示，绩效管理系统本质上是一个控制系统，其控制过程从图中的关键结果领域、目标和指标开始，依照 PDCA 过程不断循环。关键结果领域、目标和指标确立了绩效标准或期望。如果组织、部门或个人只是明确了这些期望，而不使用考核系统的内部机制约束和激发相关行动，成功实现期望的可能性将不会增加太多。当绩效评估系统中的测评机制发生作用后，它将把员工的注意力引向各项绩效指标，并通过反馈提供的信息帮助组织、部门和个人及时采取修正行动，以增加实现其目标的可能性。因此，当绩效评估系统发生作用时，获得期望成果的可能性就会增加得多一些。在此基础上，如果能让绩效管理系统全面运转起来，即把评估/反馈、绩效评价和奖励等部分都启动起来，那么获得期望成果的可能性就会大大增加了。

具体实施绩效管理系统的方法有很多，例如使用绩效考核表就是方法之一。这是一种用某种统计手段总结所有活动或过程关键成果的方法，表中是针对关键结果领域的具体指标，它显示了目标实施过程中的许多关键的统计数据。

在组织之中，绩效考核表可以给员工提供日常重要工作的进展情况，这些重要工作主要针对每个关键结果领域中每个目标的。在绩效考核表中，可以包括一系列内容，这些内容分别针对不同的考核指标，如针对组织、团队或个人的关键结果领域的指标，或者说针对每一关键结果领域中的业绩评估的指标，绩效考核表针对每个指标进行业绩评估（见表5-1）。

表5-1　绩效考核表

关键成果领域	本年度目标	上年度目标	本年度业绩											
			1月	2月	3月	4月	5月	6月	7月	8月	9月	10月	11月	12月
市场地位														
创新														
生产率														
实物资产														
金融资产														
利润														

在个人层次上，绩效考核表通常反映为业绩评估过程中的各种表格形式。应该注意的是，绩效考核表中的各项指标应该与员工或团队的关键结果领域密切联系，并且应该客观且具体化。如果组织过分依赖较为主观的业绩评估

（比如说，"业务素质""工作态度""领导才能"或"员工满意度"等），而不是与个人职位关键结果领域相连的客观指标，那么将不可能完成具体目标所期望的结果。另外，当使用主观而不是客观标准对个人进行评价时，评价过程会变得尤其困难。

表5-1展示了一个制造企业的绩效考核表，表中有6个关键结果领域：市场地位、创新、生产率、实物资产、金融资产、利润。所有这些关键结果领域的性质都有所不同，例如市场地位，可用市场占有率来量化，创新、生产率和其他几项也都容易使用不同的方法量化。在绩效考核表中，企业应该为每一关键结果领域制定指标，并将它们排成一列，称为"本年度目标"，然后把去年的实际业绩放在下一列。另外，以月为单位追踪本年业绩并记录在后面的列中。

为了使绩效管理系统有效运作，如前文所示图5-4中的所有组成部分都应有效地发挥作用，这意味着应该认真对待每一项要素，必须准确界定所有的关键结果领域。

在个人或团队的工作中，往往会有不止一个关键结果领域。如果忽略其中一个或几个关键结果领域，组织就会遇到不能实现期望结果的问题，一些重要领域也得不到应有的重视。

一个组织有它的长期目标和短期目标，团队和个人也同样如此。在关键结果领域中定义目标时，每一目标必须反映组织、部门或个人想要或需要达到的长期目标。然而，当确定的关键结果领域较多，进而使所定义的目标较多时，很可能会出现一些关键结果领域的目标与其他关键结果领域的目标相冲突的情况，此种情况应该在定义目标时即加以注意。

关键结果领域和依据它制定的目标，两者都可以称为绩效标准，然而它们并不是非常具体的标准，最具体的标准通常是以指标形式命名的目标。制定指标需要满足几点要求，即要具体、以结果为导向、可衡量且有期限。只有在具体指标的衡量之下，与指标相对的业绩，才能够根据指标的要求，进行准确和恰如其分的评估。此外，为了实现所期望的目标，所有目标中至少要有一个可量化的指标。

指标有了之后如何使用？这就需要绩效评估系统来测评针对每一指标的业绩，从而使每一个指标都实现设计它的初衷。比如，我们设定了一个所有产品都必须实现一定利润率的指标，那么评估系统就必须能够提供有关产品利润的信息。如果不能的话，则说明所设计的指标就不能起到应有的效果，因而必须重新设定。

绩效管理系统的重要功能之一就是进行反馈。绩效评估系统发生作用的标志之一，就是能够定期给予反馈意见。反馈意见是决策的基础，在这个基础上，各层级的管理者在做决策时才能用评估系统提供的信息来修正行为，以激励员工或团队更好地完成指标。反馈和对执行行为的修正是持续进行的，如果没有这种不断的修正，绩效评估系统也就失去了其存在的作用，整个绩效管理系统实际上也就失灵了。

绩效评价是重要的过程，在每个绩效周期结束时需要对组织所有层次进行业绩评价，这些评价必须专注指标，而且应该根据指标完成情况，提供正面反馈和建设性的批评，以激励与组织目标一致的行为，或引起行为的改变。没有绩效评价，组织、团队和个人就无法了解如何继续有效工作并提高业绩，绩效管理系统也没有对员工进行激励的依据，流程也缺少了进行改进的根据。

总体来说，为了使绩效管理系统有效运行，系统中的所有部分都应当有效设计并建立正确的关联。绩效管理系统重在反馈，它使组织中的其他流程（其中以核心流程为重点）实现了完整的"输入—转换—输出—反馈"循环，并使这个过程持之以恒，从而不断地改进和提高组织的绩效。如果绩效管理系统中任何部分的设计不够完善，或虽然工作良好但未与其他部分形成有效的关联，则绩效管理系统将在不同程度上失效，致使组织实现期望目标的可能性降低。

如何衡量绩效管理系统的效率？这要看它促进员工的行为方式与组织目标相一致的程度。员工的行为方式与组织目标可能持续地一致，可能时而一致时而不一致。如果不能实现员工行为与组织目标的持续一致，则说明绩效管理系统可能是无效的，至少它是不完善的。

我们已经确立了流程的主要目标，并在实际工作当中还要实现其他目标，因为每个团队或个人都会有许多目标，流程目标也会存在许多与其相匹配的其他目标，例如来自环保或利润成果领域的目标。绩效管理系统必须明确流程需要的所有行为或目标。如果它没有明确所有相关目标而又试图控制它们，就会在员工身上发现许多未受到具体指标控制的行为。此外，即使我们设置了针对所有目标的指标，绩效管理系统也必须准确引导它试图引导的行为。如果不能准确引导，则说明绩效管理系统仍需要改善。

实际工作中，绩效管理系统对员工行为的引导很可能需要试验，比如我们试图激励员工实现预算利润和个人发展两项目标，之后在现实中如果发现能够实现这两个目标，则说明绩效管理系统在行为方面是有效的；反之，如果我们试图引导的行为与这两个目标冲突，那么就说明系统在行为方面并非是有效的。对绩效管理系统的试验其实是对它的调试，这种调试也像反馈一样，帮助我们对绩效管理系统本身进行着不断的优化，就好像绩效管理系统在对自己的目标进行着绩效管理一样。

然而在现实当中，事情往往并不那样完美。在一般情况下，我们不能期望绩效管理系统所引导的任何行为完全和期望一致，但如果它在很大程度上是有效的话，就应该在更高的层次上（例如制度上）把这种有效性固化下来。也就是说，绩效管理系统的有效性表现在它能不断产生重复性行为，如此我们在工作中就应当以重复性验证它的有效性。不管这些行为是有意还是无意的，只要达到了这样的效果，我们就可以认为绩效管理系统具有"行为可靠性"。

绩效管理系统并不是完全精确可控和透明的，它可能在一些方面发挥了积极的效用，在另一些方面则不很理想。如果存在这样的不完美，则说明组织需要能够真正理解绩效管理系统设计的行家里手了，因为任何一个绩效管理系统都不可能是万能的。

七步中这一步的绩效考核，主要是面向我们工作中的现实目标的考核，它是考核部门按照目标制定考核方案，对目标的各项主要指标完成情况进行的考核。这里所说的考核部门，是指组织层面组建的并由高层领导的专门机构，一般会以人力资源管理和会计部门等绩效考核专业部门中的人员作为专家，其他相关职能部门共同参与的方式来组建。

前面我们介绍了绩效管理的总体框架。绩效考核与绩效管理不同，绩效考核只是绩效管理中最重要的一个部分。我们之所以在七步激活执行力模型中的第五步重点研究它，正是因为它是绩效管理系统的最重要而且最关键的部分。在七步执行力模型中，绩效考核的原则就是两条，即明确标准、正确评价。

（二）绩效考核的方法

组织的整体绩效取决于其核心流程和支持流程的绩效，绩效考核应该为提高组织的整体绩效服务。本节中，我们主要讨论如下几种绩效考核的方法，分别是竞争优先级评估法、产出的正负反馈法、转换工作的评估法和投入产出比评估法。

上述几种方法都十分重要。首先，竞争优先级评估法是将组织战略体现在流程中的重要方法，它通过实现和提升流程竞争优先级的方式使组织的流程更具竞争力。其次，产出的正负反馈法表达出客户的期望和自己对目标的追求，有利于将客户价值与自己追求的价值统一起来。再次，转换工作的评估方法对保证最终绩效的实现至关重要，对复杂程度高或项目周期长的流程（如高科技产品的生产线、航空母舰的制造等）尤其重要。最后，有些流程难以实现过程控制（如综合性流程），投入产出比评估法此时就能派上更大用场了。下面我们分别讨论以上几种绩效考核方法。

1. 竞争优先级评估法

在本书前言"写在七步激活执行力之前"和相关章节中，我们探讨过组织竞争战略、目标与流程方面的课题。组织的经营服务战略是获得杰出业绩的秘诀之一，腾讯、淘宝、星巴克等诸多公司的成功完美地体现了这一点。

　　组织的核心流程集中在关键的活动上，组织的竞争战略通过流程的竞争优先级中的各维度得以体现。当顾客的需求不同或发生变化时，组织所面临的管理挑战将是巨大的，这就要求管理人员重新考虑过去曾为他们带来成功的战略，并重新设计或改进能够支持新战略方向的流程。这个过程中，对流程竞争优先级各维度的考核就是竞争优先级评估法的主要内容。

　　竞争优先级是流程运行中一定会涉及的关键维度，对组织的流程进行考核的许多指标也来自于此。所以，我们把这种考核方法命名为竞争优先级评估法。组织中的流程不但涉及外部顾客，还会涉及内部顾客。组织依靠竞争优先级来使现在和将来的内外部顾客满意。

　　竞争优先级是为一个流程或一组流程而规划的，但不一定是已经实现的，需要通过各种方式将这些能力表现出来，以此保持或增加市场份额，或使其他内部流程成功运行。

　　如何对流程的竞争优先级进行考核？需要根据对竞争优先级的 4 个方面的 9 个维度分别制定考核指标并加以考核。竞争优先级的 4 个方面分别是成本、质量、时间和柔性。这 4 个方面又细分为 9 个维度，分别是：①成本方面的低成本运营；②质量方面的顶级质量和一致性质量；③时间方面的交付速度、准时交付和开发速度；④柔性方面的客户化、多样性和批量柔性。

　　需要注意的是，对一个特定的流程来说，并非所有的 9 个维度都是关键的。以大型网上购物或连锁超市公司的流程为例（如淘宝、拼多多、沃尔玛等），竞争优先级在时间方面的考虑往往是较低的，流程的改进和考核的重点更多地被放在低成本运营、质量和柔性上。以美国科斯科价格俱乐部为例，这是一家旨在满足顾客便宜货需求的公司（沃尔玛、拼多多也是如此），它是一家俱乐部式的批发公司，通过俱乐部制来增加顾客黏度（和国内许多超市的会员制一样）。该公司在世界上设有几百家商店，顾客主要因低价而来到商店，因此对流程的设计和考核主要是为了提高效率，以使价格更低，所以要根据低成本运营这一竞争优先级来设计考核指标。像科斯科价格俱乐部这样的公司，其商店实际上就是一个仓库，在这里产品堆在有小标签的托盘上，新产品可以快速地替代老产品。由于大批量采购，科斯科价格俱乐部的管理人员在与供应商进行价格谈判时，可以强硬地要求供应商改变工厂的运行，专门生产每件包装更大、更便宜的产品（京东、苏宁电器也是）。虽然科斯科价格俱乐部的边际利润很低，但年利润却很高，这是由于总量很大的缘故。此时，竞争优先级评估法就要根据低成本运营的要求设置考核指标，并依据这些指标对诸如与供应商谈判等活动进行不断的考核评估。

在质量和柔性方面，竞争优先级评估法同样依据对流程竞争优先级指标进行考核的原则。以科斯科、沃尔玛、苏宁这样的超市为例，顾客并不指望高水平的顾客服务，但是却期待着高性价比，即物美价廉。以科斯科为例，除了低价之外，科斯科价格俱乐部承诺在任何时候都可以退换任何商品，以此作为更多地销售物品的后盾。顾客信任科斯科，会员资格的延续率达到了86%，这在该行业中是非常高的。

在柔性方面，科斯科、沃尔玛、苏宁、京东、拼多多、淘宝等公司采取了不同的策略。例如，当沃尔玛的超市中拥有十几万种商品时，科斯科价格俱乐部常规的商店中却只持有4000种精心挑选的品种，但同时却以品种的频繁变换作为补偿，给再次到来的顾客带来了一种"令人惊喜"的购物体验。沃尔玛和科斯科在流程柔性方面是非常不同的，后者更具柔性，以适应不断的品种变换而必须的店内动态布局要求。另外，由于产品在不断变化，还必须对供应链进行仔细的管理，因此对依据柔性制定的绩效指标进行的考核就成了绩效考核的重要方面。

如何根据竞争优先级的9个维度制定考核指标呢？

在成本方面，以服务流程为例，低成本运营可以被分解为对高劳动生产率、低运营成本以及满足预算等的要求，并根据这些要求制定出量化的指标，进而根据这些指标进行绩效考核。对制造流程来说，同样的低成本运营竞争优先级，则可能被分解为对设备的高利用率、高劳动生产率、低库存水平以及低次品率的要求，考核指标的设定和对绩效的考核也据此进行。另外，低成本运营与一致性质量（较少返工和废品）这个竞争优先级维度常常是相关的，因此也要在一致性质量相关的考核指标方面加以配合。以美国西南航空为例，与美国其他竞争对手相比，它以"廉价航空公司"而闻名，因此，获得输入要素的成本必须保持最低，从而可以得到在航空业内有竞争力的定价。根据这样的战略，西南航空就应该更加重视普通舱，因为头等舱市场的竞争优先级是顶级质量和准时交付，而普通舱市场的竞争优先级则是低成本运营、一致性质量和准时交付。所以对普通舱的绩效考核，成本方面主要集中在低成本运营和一致性质量两个方面的指标上，这才是竞争优先级评估法的重点。

在质量方面，要根据两种重要的竞争优先级来设置绩效考核指标，即根据顶级质量与一致性质量。第一，顶级质量就是交付卓越的服务或产品。对于服务流程来说，这一优先级可能要求服务流程中高度的顾客接触、高水平的帮助、高度的礼节以及高度的服务可获得性。因此，如果按竞争优先级评估法考核时，服务流程应该按照以上几个要求进行指标设计和考核。对于制造流程来说，则可能需要来自制造流程的超级产品特征、小的公差以及更好的耐用性。以服务行业来说，航空公司的头等舱就需要重视顶级质量，即向头等舱乘客提供的服务必须是最高等级的。在很大程度上，这包括训练有素且富有经验的客舱服务员以及高质量的饭菜和饮料服务，因此要根据这些要求设计考核指标并进行考核。第二，一致性质量就是在一致的基础上创造满足设计要求的服务或产品，这与顶级质量大有不同。对于航空公司来说，头等舱要求的主要是顶级质量，普通舱的客户则满足于一致性质量即可。也就是说，外部顾客所想要的是能持续满足其合同中一致性质量要求的服务或产品，且这些服务或产品能够达到预期的质量，或者达到面对一般客户所做的广告中宣传的质量就可以了。例如，银行的普通顾客期望银行的账户流程在记录其交易时不要出错就可以了，所以在设计考核指标时要在这方面加以重视。在制造流程中，比如铸造厂期望铸造件能满足长度、直径、表面处理的公差要求，这里就要设计出符合这方面要求的考核指标。组织的内部顾客往往也会受到外部客户顶级质量或一致性质量要求的影响。如果外部客户的价值主张是一致性质量要求，相应地他们也会要求内部或外部供应商产出的一致性质量，如劳资部门要求其他所有部门提供员工考勤的准确数据，采购部门要求从供应商处得到一致质量的原材料等，这就需要从这些要求出发设计考核指标。

虽然质量要求一直以来都很重要，但管理层应该持续地坚持将外部顾客的竞争优先级要求同步到内部顾客的竞争优先级，并依此做出质量方面大胆的选择性决策，以使组织保持和发展自己的竞争优势。

在时间方面，要根据几种优先级设计绩效考核指标并据此实施绩效考核，即交付速度、准时交付和开发速度。第一，交付速度指迅速完成顾客订单。交付速度常常用从收到顾客订单开始直到完成订单为止所花去的时间来度量，这就是我们设计考核指标的标准。例如，医院对交付速度的指标之一是救护车在几分钟内要使病人得到救护，而对安排择期手术的交付指标则可能是几个星期；飞机制造业对于定制飞机的交付速度指标可能是 1 年。第二，准时交付指履行对交付时间的承诺。竞争优先级评估法就要根据这样的时间来制定考核指标。例如一家航空公司可以用在计划到达时间 15 分钟之内到达登机口的航班百分比来度量准时交付，这就是考核指标。制造商可以用在承诺的时间发货的百分比来度量准时交付，这又是一个考核指标。通常，准时交付这一目标会以准时交付率作为衡量指标。第三，开发速度指快速推出新的服务或产品。如何制定考核指标？通常从服务或产品的创意产生到最终设计并推出所用的时间来度量。这里涉及团队协作的问题，因为要想达到高水平的开发速度，就必须要有高水平的跨职能协作，这是因为开发会涉及营销、销售、服务或产品设计和其他运营，有时会要求关键的外部供应商参与这一过程，所以团队协作是竞争优先级评估法中"开发速度"维度的重要内容之一。以航空公司为例，必须不断开发新服务套餐来保持站在竞争的前沿，这种服务套餐包括到世界度假胜地的浏览、新的航线或新的餐饮服务等，这些对开发速度指标的考核非常重要。

在柔性方面，竞争优先级评估法的指标主要涉及客户化、多样性、批量柔性三个竞争优先级。第一，客户化指通过服务或产品设计的变更来满足每个顾客的独特需求，这些要求就是制定考核指标的重要参考。例如，视频网站的广告设计和计划流程（参见第一和第二章）必须能够满足顾客要求的广告效果，在广告的时长和投放时间、频度方面都有要求，这就是我们设计考核指标的基础。第二，多样性是指高效地处理多种服务或产品。它与客户化之间的区别在于服务或产品对特定顾客并不一定是独有的，可以有重复性的需求，这在当前许多购物网站上体现得淋漓尽致。以淘宝、京东和拼多多为例，其客户关系流程都具有使顾客通过电脑和手机访问成千上万种服务和产品的能力。类似地，一个生产各类桌、椅和柜橱配件的制造流程具有多样性优先级。有多样性优先级的流程必须拥有两种能力，一是关注内部顾客和外部顾客的需求，二是在各种事先确定的服务或产品之间转移重点。这两种能力要求派生出许多针对各相关部门的考核指标，绩效管理系统根据这些指标对相关的流程进行控制。第三，批量柔性是指流程具有快速提高或降低服务或产品的生产率，以应对需求大幅波动的柔性。对这种优先级的需求是由需求波动的严重性和频繁性所驱动的。像淘宝网这样的购物网站对批量柔性的要求非常高，因为不同时间段的网站流量差异极大。2017年淘宝"双十一"交易额达到1682亿元，刷新了往年纪录。2018年天猫"双十一"全天成交额为2135亿元，再次超过2017年的1682亿元，创下新纪录。这样大幅的流量波动，要求淘宝网的流程拥有超级的批量柔性，据此制定出的考核指标是一个复杂的指标系列，绩效管理系统要依据这些指标对许多部门进行不断的考核。在铁路运输方面，流程的批量柔性也是一个重要的竞争优先级，因为某些时间段（如春运期间）和其他时间的运输波动是非常大的。

在多数组织中，绩效考核通常采用分层分类的考核方法。分层考核方法的根据是组织的层级，例如决策层、管理层、操作层等，根据不同的层级制定考核方案。分类考核方法的根据是岗位的类别，例如管理岗位、技术岗位、技能岗位、勤务岗位等，根据岗位的类别制定考核方案。在七步激活执行力模型中，绩效考核方法的根据是实现目标的流程。

从前面的讨论中我们可以看出，竞争优先级评估法是为了在最大程度上提高流程的绩效和竞争力，因为组织的整体绩效和竞争力落地取决于其核心流程和支持流程的绩效。竞争优先级是流程必须拥有的关键维度，开放组织需要依靠竞争优先级来使现在和将来的内外部顾客满意。

竞争优先级评估法分解到对流程中竞争优先级相关指标的考核，本质上是在实践中对顾客驱动运营战略的推进和实现。组织的预期应与客户的预期达到某种平衡。越来越多的组织开始其在开放环境下的目标设置，更加重视组织的目标同时承载的客户价值，以期通过这种方式更好地实现自己的价值。哈佛大学的丹尼斯·坎贝尔和宾夕法尼亚大学的马歇尔·梅耶曾经做过一个"海尔与用户零距离"的著名案例，其中具体描述了海尔公司的目标决策过程。例如，海尔公司注重通过面对面沟通和个人观察来摸清最终用户对冰箱的预期和偏好。在筹划帝樽系列之初，为了更准确地捕捉目标用户的需求，海尔公司组建团队随机选取了50个安装有立柜式空调的家庭，并逐一上门回访。借此，他们获得了产品使用情况的第一手信息，并了解了各个家庭对自家空调及市面上其他机型的看法。海尔公司在设置自己目标的预期和考核指标时，严格参考了顾客的预期。

2. 产出的正负反馈法

产出符合我们的预期，这是我们自己想要的东西。达到了客户的期望，这是外部环境的反馈。我们的任何目标预期，本质上都是通过实现顾客的目标预期来达到的。当代的组织都是开放型的组织，所以都属于开放系统，每一个组织都像一个生活于开放环境的生物一样，为了生存而要依赖外部环境，它对周边环境保持开放的状态，客户就是环境的一个重要方面。组织的产出是不是有利于周边环境？作为环境重要组成部分的顾客，他们满意不满意？外部竞争环境要求我们做出什么样的改变？开放型组织要考核所有这些外部因素。

绩效考核的方法，也正是从产出与预期的关系出发的，根据预期制定的指标去考核产出的反馈，它的本质是基于开放系统的反馈机制。作为一个开放系统的组织，与所有开放系统一样由以下7个部分组成，即边界、目标、输入、转化处理、输出、反馈、环境。如图 5-7 所示：

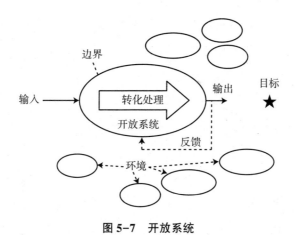

图 5-7　开放系统

开放系统的 7 个部分中的输入、转化、输出和反馈正是一个带有绩效考核系统的流程系列。

其实，开放系统的内部就是流程，比如人类和动植物的新陈代谢，就是食物和空气来到身体里面走流程。反过来说，组织中流程的运行，就是在进行新陈代谢。我们的七步激活执行力模型，就是对开放系统的解析，像一头老虎要捕捉猎物一样，它先有了目标，然后理顺身体里的流程，准备消化后面的输入，然后抓住猎物吃到身体里走流程，新陈代谢进行转化，身体里各器官像团队一样协作，接下来组织也要配合，整个身体餐后不运动，然后是输出满足感等，生命获得了延续，之后是反馈，看是否满足预期，下次如何改进，最后是制度，如规定以后只在白天狩猎等，把经验固化为制度，是一种高层次的思考。

这里我们所关心的是反馈，因为它是绩效考核的根据。反馈的功能是让我们知道，系统的运行是否符合环境的期望和我们自己的预期，这里的"环境"主要指其中的顾客部分。"反馈"一词是指把一些和执行过程有关的信息回流过来，用它检查系统的输出，也就是检查顾客的期望和我们自己的预期目标，看看是不是得到了满足，可不可以接受。

反馈可分为"正反馈"和"负反馈"（见图5-8）。负反馈检查输出和目标是否相符，也就是检查我们自己目标的达成情况。正反馈检查目标是否和顾客的需求相合，是用来检查环境的。

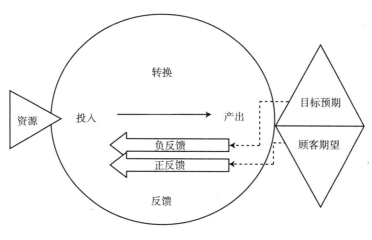

图5-8 正反馈和负反馈

也就是说，负反馈是拿来检查我们的目标预期的。用负反馈来设计考核指标，能够设计出很多来，因为我们想要的东西很多，例如毛利率、销售额、损耗率、经营费用、成本等。大部分绩效考核指标都是根据负反馈来设计的。正反馈反映的是顾客的期望是否达到，是我们周边环境的反馈，反馈信息用来检查外部环境。常用的正反馈指标是"市场占有率"，也就是市场对产品的欢迎和接受程度。如果市场占有率低，说明组织在竞争中处于不利地位，这是一个有点悲观的正反馈。根据正反馈设计的考核指标还有客户满意度、飞机航班的安全到达率等。

管理人员每天收到很多正、负反馈信息，很难说这些信息是好是坏。然而正反馈和负反馈这两种信息的作用在于，它让我们明白仅用我们自己的目标预期来衡量系统的产出是不够的，也就是说光靠负反馈是不行的。我们现在预期的目标，它对顾客和外部环境是不是依然合适，这也同样重要。换句话说，正反馈和负反馈对组织的生存同样重要。这样一来，合理的办法就是，要同时监控正反馈和负反馈，根据这两种反馈来界定关键结果领域、设定目标和设计考核指标，这样才能避免落入这样的陷阱：我们自己的目标达到了，但是顾客却不想要它了，这样我们自己也没法生存了。诺基亚手机就是一个很好的例子。

3. 转换工作的评估法

前面讨论的正负反馈，是对转换后的产出结果进行考核、考量。转换工作的评估法，是对转换过程的评估，是一种过程控制的方法，如图 5-9 所示。

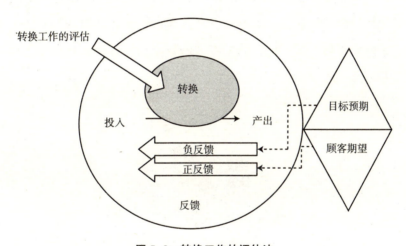

图 5-9 转换工作的评估法

那些对目标要求比较高的组织，不但要考核产出的结果，还要对过程进行考核和控制，为此就要针对过程编制考核指标，并对过程的中间输出数据进行评测和反馈，提高达成目标的成功率。

项目流程往往延续很长的时间，建设一个住宅小区就是一个典型的例子。对于这样的流程，如果不应用转换工作的评估法对项目进行过程中的各种活动进行控制，待到项目完成时，只应用于最终结果的绩效考核就已经失去了意义，因为届时任何考核机制已经不能改变项目的既成事实了。

建造航空母舰的流程是一个典型的例子，这是制造产品中最具技术性挑战以及最艰苦的事情。以美国海军建造里根号尼米兹级航空母舰为例，其舰长为 0.2 英里，飞行甲板面积为 4.5 英亩，能够以高于每小时 35 英里的速度在大海中航行，可以运载 50 架战斗机和 20 架保障飞机。每一艘尼米兹级航母要花费 40 多亿美元，含有重 47000 吨、厚达 4 英寸的精密焊接钢板，100 多万种不同的部件，900 英里长的电线和电缆，大约 4000 万熟练工人工时数，成千上万名工程师用了 7 年多的时间建造。这样一种产品需要大量的技能和协调工作，以及能够在小批量情况下保持高效率的流程。要不要对这样的巨大工程应用转换工作的评估法呢？要不要对它进行过程控制呢？答案不言自明，因为要使长达 7 年的项目成功完成，不进行过程控制是不可想象的。

对转换过程的评估，主要是对三个方面的评估，即对关键任务、关键行为、关键流程的评估，结合这三方面的核心过程就能完成核心工作（见图 5-10）。

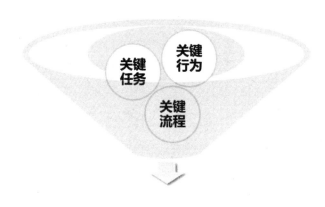

图 5-10　过程控制的方法

关键任务正是我们在目标确立阶段识别出来的关键任务，完成这样的任务就是完成了达成目标的重要工作，这样就极大地增加了达成系统目标的可能。对转换工作中的关键任务进行评估，需要对相关的任务设置特定的指标，收集任务结果信息并进行评测和评估，看看任务是不是完成了。以采购部门为例，关键任务大概有收集供应商报价、进行价格谈判、签订采购合同，下订单、协调物流等，每一个任务都有自己特定的考核指标量化方法，可以进行转换过程的考核。这些任务与岗位培训、部门预算或文员工作等任务相比要重要得多，因为这些任务才真正是位于关键结果领域位置的任务。

关键行为就是对达成目标至关重要的行为，这些关键行为会影响最后的结果。例如培训下属，任务按时跟进等。绩效管理系统最重要的任务之一，就是影响实现目标的行为。那些我们最想依赖系统进行控制和引导的行为就是关键行为，这些行为对实现目标至关重要。关键行为指标（KBI）就是考核关键行为的。

关键流程就是对达成目标至关重要的流程，这些流程应该位于关键结果领域之内，实现的是关键结果领域的目标，或对实现价值链的目标极为重要。我们讨论流程时说过的核心流程和支持流程，两类流程之中都有关键流程。抓住某些关键的流程进行考核评估，是绩效考核过程的关键步骤。

为最好地达成目标，抓住以上三个方面进行过程控制，这些内容看上去并不新鲜。但就笔者个人的经验而言，真想成功平衡这三项核心过程并不容易，但做好了却能极大提高目标的完成质量，因为完美的过程产生完美的结果。

4. 投入产出比评估法

前面我们讨论了旨在改进流程竞争优势的考核方法，包括"竞争优先级评估法"和"产出的正负反馈法"。前者是使用竞争优先级 4 个方面的 9 个维度为主要依据进行考核的方法，后者是依据产出结果进行考核的方法，也就是使用正反馈和负反馈进行考核的方法。此外，我们还讨论了对转换过程进行考核的方法，这种方法主要对过程进行控制。那么，有没有一种考核方法，它既考核结果，同时又控制过程呢？那就是以"投入产出比"作为指标的考核方法（见图 5-11）。

"投入产出比"是一个非主流的考核指标，指的是全部产出与全部投入的比值（即产出/投入）。这个指标在各种管理类著作中都很少详细介绍，但

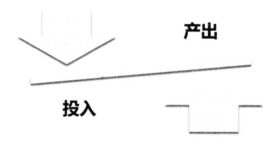

图 5-11　投入产出比

它在数学上的概念，就是广为使用的"生产率"指标。由于"投入产出比"的含义直观、易于理解，因而深受很多人的偏爱。

为什么说"投入产出比"能够同时考核过程和结果呢？试想这样的常见场景：在某组织的工作部署会议上，当几位办事人员提及工作中存在的困难和问题时，一位主要领导说："你们有什么困难和问题自己解决，我不管过程，只要结果。"这位领导的说法，等于说不问过程付出多大的投入，只要达到产出目标就行。如果真要按照这个领导的话去执行，销售人员很可能不管销售费用的支出额度而一味追求销量，这样一来业绩往往会不错，但是如果这样执行，过程中的投入可能会很高，最后的投入产出比就会很低，最终造成亏损。所以，"只要结果"这句话，如果不考虑投入产出比就是错的，考虑了投入产出比时才是对的。

因此，投入产出比这个指标里面，已经包含了对过程和结果的考核——它把控制和考核的负担全部交给执行者自己。所以，虽然投入产出比并未规定考核过程或考核结果，但它其实规定了必须同时考核过程和结果的全部。

至此，我们已经提供了几种绩效考核的方法供大家在实践中选择，你可以选择其中的一种方法，也可以同时选择几种方法。总之，绩效标准和考核方法都是可自行决策的，视实际情况而定。

对七步激活执行力的绩效考核这一步，笔者把它浓缩为一句话，即"多元标准，选择性评价"（见图 5-12）。

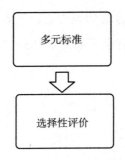

图 5-12 七步激活第五步

（三）考核与管理的关系

在本章开始的部分，我们已经简略地聊了一下绩效管理与绩效考核的关系。

现在，我们再从另一个角度聊一聊绩效管理的过程，以及绩效考核在其中所起的作用，换一个视角来看绩效考核。

绩效管理的过程，是一个持续的 PDCA 循环过程，这四者持续循环形成绩效管理，其中的 P 和 C 两项，即"绩效标准"和"绩效评价"两项，就是绩效考核，如图 5-13 所示。

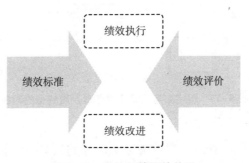

图 5-13 考核与管理的关系

它的循环是这样的：第一步，制定绩效标准，也就是形成一套指标系统，没有标准就无法去考核评估；第二步，按照这个标准去执行；第三步，进行绩效评价；第四步，发现不合适的地方进行绩效改进。这样完成一个 PDCA 循环，再接着下一个循环，持续不断，如图 5-14 所示。

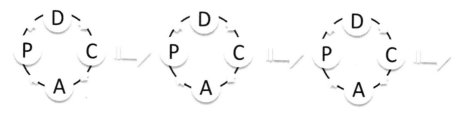

图 5-14　绩效管理的持续循环过程

对应到组织绩效管理系统模型上，PDCA 又分别对应于哪几部分呢？如图 5-15 所示：

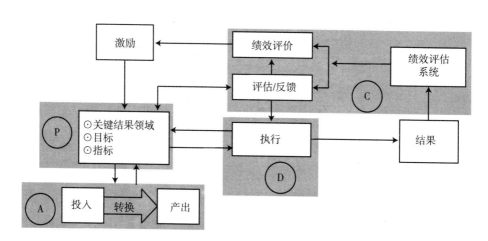

图 5-15　PDCA 与组织绩效管理系统模型的对应

由图 5-15 中可以看出，绩效决定于流程的质量，一切绩效都是流程产生的，改进绩效一定要改进流程。PDCA 循环中的 P 是做计划，做计划应当从流程即从 A 中来，要改进就必须回到流程即 A 中去。PDCA 过程循环往复，不断地螺旋上升式循环改进。

本章讲的绩效考核，其主要的核心有两个，一个是"标准"，另一个是"评价"。另外的"执行"和"改进"两项，则不属于本章的绩效考核内容，它是绩效管理工作的另外两个部分。全部四个方面加在一起形成了绩效管理，其中"绩效标准"和"绩效评价"形成了绩效考核。这里重点谈一谈"绩效评价"。

在前面的讨论中我们谈到"竞争优先级评估法""转换工作的评估法""投入产出比评估法"等，我们使用的是"评估"这个词，但这里的 PDCA 循环中却是"绩效评价"，为什么前面用"评估"，这里又用了"评价"？下面是"店长绩效考核表"，其中"总分"是评价，各项"考核得分"是评估，如表 5-2 所示：

表 5-2　店长绩效考核表

考核指标	权重（%）	考核得分
销售额	30	28
毛利率	20	17
损耗率	10	9
经营费用	10	10
目标完成情况	30	29
总分		93

对"销售额""毛利率"等的分项指标考核就是评估，最后的"总分"就是对店长的总体评价。也就是说，"评估"是对一些具体的绩效考核指标进行测评，"评价"是对绩效进行了权重考虑之后做出的业绩评定。要想评价，就先要进行评估。评估的是绩效，评价的是业绩。有一些绩效可能做得不错，但是按照组织的激励要求，可能不会算作 100% 的业绩，而只把这部分的评估以 20% 的权重作为业绩。

至此，我们讨论了绩效评价、绩效评估、绩效考核、绩效管理四者的差别。本章的内容主要集中在绩效考核上，其中的绩效评价是对绩效进行全面化处理的过程。绩效考核对人员的业绩进行了评价，以此让当事人知道，对他绩效的认可程度是不是符合既定的标准，以此起到激励执行的作用。

通常情况下，我们在绩效管理过程中使用"绩效"和"业绩"两个词时，它们的意义是相同的；同理，"评估"与"评价"的意思也不会严格区分。但有些时候为了更好地解决实践中出现的考核需求。比如上文提到的必须对相关绩效进行权重化处理后才能认定为业绩的情况，或者有其他类似情况的时候，就使我们不得不采取把它们做一种区分的方式来处理了。

（四）基础训练五：绩效考核

想想最近进行的一次绩效考核工作，回忆一下具体的做法，效果如何呢？如果效果不佳的话，原因何在？请填写下面的绩效考核表格。

您对流程的各项元素有什么见解	投入	
	转换	
	产出	
	反馈	
决定需要反馈的内容（即考核的维度）	质量	
	成本	
	时间	
	柔性	
	产出（目标预期）	
	产出（顾客期望）	
	转换（关键任务）	
	转换（关键行为）	
	转换（关键流程）	
	投入产出比	

区分评估 与评价	评估（绩效）	
	评价（业绩）	
绩效评估、绩效评价、绩效考核与绩效管理有什么不同		
说明：		

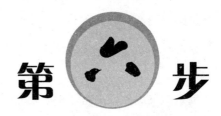

发挥规范和影响力：制度和文化的激活

既要坚持结合实际、立行立改，又要及时将改革实践成果固化为制度。

——习近平

（一）为什么要对制度和文化加以管理

本章讨论组织的制度和文化，以及这两者对执行力的深刻影响（见图6-1）。无论是为了实现当前的小目标或整个组织的大目标，一个组织的制度和文化都要加以建设和管理。

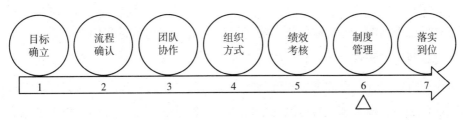

图6-1 第六步，制度管理

从长远来看，一个组织最为持久的竞争优势，决定于组织发展的较高管理层级，即决定于运营系统、管理系统、制度和文化，而并非决定于市场和产品。随着时间的推移，市场上总会新增竞争对手，产品会被其他组织仿制或改进，然而组织的运营系统、管理系统、制度和文化的发展，不仅需要投入大量的时间和资源，而且非常难以模仿。即使有人把其他组织的制度和文化都照抄过去，最后也很可能只是白费力气，因为每个组织都有各自独一无二的特点。

当组织发展到较高阶段时，其制度管理的艰巨任务之一，就是要帮助组织巩固和制度化上一阶段的成果——从创业型组织转型为管理规范的组织，并且在转型时不失原来的创业精神。若要将这种规范深植于组织中执行人员的内心中去，并潜移默化地影响其相关行为的话，就必须将其上升为组织的一种文化，因为文化的作用方式就像是一种隐形的制度。

我们对一个组织的文化定义可以是这样的："组织的文化是那些并不违背组织的现有制度，却严重影响一个组织执行力和效率的群体个性。"也就是说，文化是一种有别于普通制度的隐形制度。

以某公司职能单元出现的、缺乏横向和纵向沟通的"孤岛综合征"现象为例，它的病因源于一种扭曲的、从来没有违背过公司普通制度的公司文化。这种文化起源于早期的"各司其职"理念，该理念在创业阶段曾经发挥过积极作用。然而在公司壮大并发展出拥有更多的职能部门之后，"各司其职"的文化被扭曲，导致每个工作单元认为为了达到自己的目的，必须要与其他单元竞争资源，从而引发了广泛的"孤岛综合征"。"各司其职"的理念并没有违反任何制度，但它却严重影响了组织的效率。这就是我们为什么把组织文化解释为"那些并不违背组织的现有制度，却严重影响一个组织执行力和效率的群体个性"的原因，这样的解释主要想强调组织的文化与其普通制度的匹配关系，两者都要与组织的规模和发展阶段相匹配，这样才能激发出一个组织的最大执行力。

制度与文化应该与组织的各个发展阶段相匹配。一个组织在其成功创立之后注定是要向前发展的，它要度过几个成长阶段。组织发展的本质是对组织的综合能力进行变革的过程，在此过程中一直伴随着计划和实施，所采取的一系列行动，其目标都是要帮助组织成长，成功地从一个成长阶段进入下一个成长阶段。理论上一个组织共有七个发展阶段。理想情况下，随着组织的发展，其制度与文化一直与组织的各发展阶段相匹配，如图6-2所示。

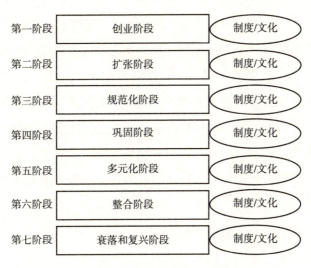

第一阶段	创业阶段	制度/文化
第二阶段	扩张阶段	制度/文化
第三阶段	规范化阶段	制度/文化
第四阶段	巩固阶段	制度/文化
第五阶段	多元化阶段	制度/文化
第六阶段	整合阶段	制度/文化
第七阶段	衰落和复兴阶段	制度/文化

图6-2 组织的各发展阶段都有匹配的制度和文化

在图6-2中，组织经历了许多发展阶段，且在各阶段刚好都有与之匹配的制度和文化。合适的制度和文化有一个好处，就是可以最大限度地促进组织向下一个阶段的发展，这对处于第三阶段及以后阶段的组织非常重要。然而，在组织的各个发展阶段，制度和文化的匹配往往不是自然发生的，而是经历了发展阵痛后被迫进行的。例如，某个组织要从第一或第二阶段向第三阶段发展，同时也就对其制度和文化提出了要求，它们要向着匹配第三阶段的方向发展，即需要从制度和文化上对组织进行根本变革。之前在创业和扩张阶段，制度和文化是自发的、非正式的和随意经营的；在转变之后，制度和文化就要适应计划、组织和制度规范化的组织实体。

假设有一个组织，它之前处于第一或第二发展阶段，现在要发展到第三阶段，这需要同时对制度和文化做出变革，有以下几件事情要办：第一，过去的工作没有正规计划，员工对工作进行被动式的机械反应，以后就不能这样了，要转变为非常规范化的状态，凡事都按照计划来运作。第二，过去的情况是角色和责任不清，以后责权利都要得到准确的界定，不能存在职责互斥的角色界定，该谁的责任就是谁的责任，不能模棱两可。第三，在绩效管理方面要进行大力改进，过去可能有绩效管理，但根本就没有绩效管理系统，现在就必须有绩效管理系统。第四，培训工作要大力加强，不能像过去那样只有在岗培训，以后要提供规范的管理培训。第五，财务方面要加强管理，过去办什么事情经常没有预算，或者只有基本的预算，以后必须做出全面的预算，并且要报表和预算差异分析俱备。第六，以后要制定明确的利润目标，不能像过去那样没有利润目标，而只有销售目标。简言之，组织的制度和文化必须跟上，要随着组织的发展阶段与时俱进，这样才能支撑组织的类型和规模。

（1）文化管理为何如此重要？

伴随着以上的制度变革和组织的成长，会出现无意识的文化变革，尤其在组织已经在制度上转型成功之后，其主要任务将转为对组织的文化（价值观、信念和支配组织成员的行为规范）的管理。尽管每个组织自成立之初就有自己的文化，然而直到组织面临向第四阶段转型时，文化才成为关键任务。如果组织想要继续在该发展阶段中取得持续的成功，就必须关注文化管理。否则的话，组织的员工可能会以符合自己需要的方式来解释组织的文化，其行为也会受到这种解释的左右，而与组织的目标脱节。

（2）组织的制度和文化与七步激活执行力的关系是怎样的？

组织发展的过程应该主动伴随着制度和文化管理的演进，其演进和变化可能伴随着我们当前目标的实现过程，这就需要我们在落实目标之前，观察和了解一下组织当下的制度和文化，看看这两者对实现我们的目标有何助益或妨害，哪些地方需要改进和管理。可以肯定的是，在制度方面我们一定会做出一些调整，因为支持我们目标实现的流程、团队、组织和考核等系统方面的变动都会反映在制度的变革上，而为此所需的文化调整还需要进行具体的分析。

下面我们会以两节的篇幅，分别简述制度和文化的建设以及相应的管理方法和工具。

（二）有形制度的形成方法

制度化管理是确保组织健康成长的重要管理手段。制度是对组织发展成长成果的固化和巩固。制度建设分为三个步骤：规范化、制度化、规矩化。本节简述制度的由来、优势以及它形成的方法。

制度建设的过程就像先写草稿，然后把草稿变成一篇文章，最后把这篇文章升华到精神层面的过程，这个过程也就是一个从"规范化"到"制度化"再到"规矩化"的过程（见图6-3）。

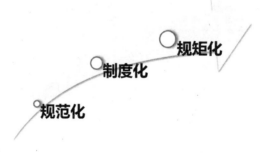

图6-3　制度建设过程

规范化的过程就是打草稿的过程，它制定了一个试行的规范，并把这个规范投入实践，经一段时间验证、修改以期完善。制度化的过程，就是把验证正确的规范化成果固化到组织的制度之中。完备的制度体系，能够在建设的过程中不断将新的成果固化到制度里面，制度由此越来越适应组织的规模和成长阶段。良好的制度管理是与组织的文化管理对接的，这种对接就需要规矩化。

制度是伴随组织的发展而发展的。起初，一个初创的组织是没有什么制度的，此时人们的行为都没有规范，虽然很有活力，但是任何事情都没有一定的规矩，上一次是这样做的，下一次是那样做的，每一种好的做法大多都没有被制度固化下来，也就经常出现有的时候做得好、有的时候做得不好的情况，或者出现同样的事情这个人做得好，那个人做得差的情况。为了避免这种情况，组织慢慢建立了制度。

在不同人的眼中，一个组织有内外两种表现。从局外人的角度去看，一个组织一步一步向前发展，蒸蒸日上，它每天的经营活动越来越井井有条，效率越来越高。但如果一位有经验的管理者去观察这样的组织时，他会看到实际上是制度化的管理在起作用，制度在组织的发展过程之中不断丰富，所有人的行为都是按制度来的，所有人的责权利都是规定到制度里面的，这才是组织良好发展的本质之一，也是组织发展的主要手段和工具之一。也就是说，有经验的人可以从一个组织的外在运行情况，看到它制度化管理的效果。

我们在组织发展的过程之中进行了很多的活动，一种活动是日常的运营，另外一种活动就是像本书里所述的这样，为了达到某种目标而体系化地对组织的各方面进行推动和改进，使一个组织在实现其目标的过程之中，不但增加了实现目标的效率，还对组织发展金字塔规律的各项变量进行了提升，取得了成果，使组织获得了发展（见图6-4）。

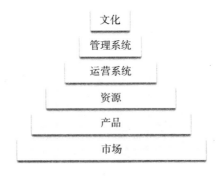

图6-4 组织发展金字塔

　　什么是"组织发展金字塔"？简单地说，组织从创业到成长壮大的发展过程中，需要先后完成六大关键任务，可简单归纳为识别并界定市场、开发产品和服务、获得资源、开发运营系统、开发管理系统和管理组织文化。这六大任务必须先后加以完成，组织才能健康发展。因此将这六大关键任务抽象概括为"组织发展金字塔"，如图 6-4 所示。

　　制度化管理的好处是固化发展成果，不使组织倒退。制度化管理，就是不断地把组织发展成长的成果固化到制度中，并督促员工严格执行的管理方式。它以制度规范为基本手段，在固化成果的同时协调组织中的协作行为。简而言之就是：成果固化+持续执行=制度化管理。

　　制度是辅助组织成长的工具。理想情况下，一个组织从创业开始，就知道组织未来的发展之路都要经过什么样的阶段，并且明智地采取了制度化的管理，在制度化管理的辅助之下一步一步地稳步向前发展，不再倒退。之所以制度能够辅助组织在发展的过程中不再倒退，是因为制度把每一个大阶段和小阶段的发展成果都给固化下来了，并且通过制度化的管理，让任何行为必须遵照制度执行，不许倒退到没有制度的阶段，这就是制度的主要作用。

　　如果一个组织要想向前发展，不想遭遇曲折也不想倒退的话，就必须进行制度化管理。这是因为一个组织可以有制度，可以没有制度，可以像一些创业组织那样完全不实行制度化管理，也可以像一些成熟的组织那样严格地实行制度化管理。如果想让组织的运营、管理、文化等组织发展金字塔要素的建设成果不至于倒退，使组织稳步地走向成熟，一个办法就是用制度把发展过程中所取得的所有好的成果都固化下来。

　　我们不妨举一些容易理解的事例，体育运动就是制度化管理的典范。比如国家羽毛球队，他们多年来一直坚持把良好的训练成果固化下来，如体能训练方法、步法身法训练方法等，把最好的训练方法都记录并固化下来成为规范。按照该种规范训练出来的运动员，全世界的人都说他们的动作像"教科书"一样规范，运动员所有动作都像"教科书"一样，所谓的"教科书"在这里的意思就是制度。

美国著名投资大师瑞·达利欧写过一本名著《原则》，其中论述了生活原则、工作原则和投资原则。该书享誉世界正是因为作者以制度管理的方式管理生活和工作的方方面面，他把自己所有的成功经验提炼成一条条"原则"，固化到生活、工作和投资的制度之中并严格遵循，一切事情都要按照原则去做。从制度形成方法的角度去观察，原则是瑞·达利欧在生活、工作和投资过程之中不断总结出来的经验成果。这些成果起初是试验性的规范，之后被固化下来成为生活、工作和投资准则，一切都要按照准则去做。其公司甚至把原则固化到软件里面了，这是一种制度化管理的较高境界。

其实，制度化管理是人类追求效率的天性。许多人的生活是制度化管理的，也有一些人的生活则不是制度化管理的。对自己的生活进行制度化管理的人，就是那些不断地为自己撰写有形或无形的生活座右铭的人，他们还不断地改进这些座右铭，行事的时候不断地按照这些座右铭去做，这些座右铭就是他们的生活制度，他们的生活效率比较高，是因为他们严格地遵循制度。比如人们发现不吸烟不喝酒对身体健康和生命都有好处，他们就把这些原则写到座右铭里面固化下来，放在随时能看到的地方以督促自己坚持执行。一个组织和一个人一样，它可以写很多"座右铭"。一个组织在发展的过程中写下很多的"座右铭"，那就是它的制度。

没有制度对成果固化就没有标准化，组织很可能会发生倒退，这种状况将会阻碍组织的发展壮大。以餐饮业为例，成功的大型连锁餐饮组织，都是在制度体系上经过不断完善的，做事有了固定的标准，这样才能把同样的规范复制到各家分店。独立的小餐馆可能某些菜品非常可口，但没有制度的固化和巩固，换了厨师就换了菜的味道，不可避免地发生了倒退现象，既没有把之前做得好的东西用制度保留下来，也不能把之前的成果复制并扩大到其他分店，企业无法发展壮大。

制度化管理是一种坚持。一个组织可以制定很多制度，可以从别的组织那里抄写很多制度，一个行业也有许多成熟的制度可做参考，然而这些不一定有用，因为制度化的管理不仅是有制度，它是一种不断的坚持和改进制度的过程，制度化管理是一种坚持。每个人都知道"管住嘴，迈开腿"能够使身体更健康，能够有效地减肥，但是把这个原则制度化地贯彻到自己生活中的人并不是很多。不按照制度化生活的人，有时候也能把事情做得很好，比如能成功减肥，但是没有把这样的生活原则坚持下来，过两天就又变成原来的样子，或者甚至是更糟糕的样子。所以制度化管理是必须坚持改进和执行，它是组织管理最基本的特征，它的作用是不让组织在成长的过程中发生反复甚至倒退。

本章我们所强调的制度，主要是强调一个组织遵循组织发展金字塔规律所取得的成果的固化和巩固。

组织的效率来自于制度效率和经营效率两个方面。经营效率是实打实的、动态的、看得见的东西。经营效率的提高，实际上是对组织发展成果制度化的体现，表明这个组织没有浪费过去的经验教训，所取得的好的经验和成果都被固化到制度里面了，并且在制度管理方面非常良好地执行了，有效地促进了组织的向前发展，防止了组织的不良反复与倒退。

制度效率指的是在组织发展的过程中，制度不断地对发展起到推动作用，它的推动作用是对成果的不断固化和巩固，它是对制度严格执行的结果。

经营效率和制度效率，从外表上看起来一个是动态的，一个是静态的。经营看起来就好像一些行为动作，制度就像一些静态的文字。然而经营效率的提高，实际上是因为良好的经营方式被固化到了具体的制度之中，就像一些优秀公司的组织和管理，之所以运营和管理得那么好，是因为它们把所有好的方法和原则、好的组织和运营方式等全部固化下来了，这些被固化下来的原则不断得到改进，并且还要严格执行，一切都是按照制度来。只有从这个角度讲，我们才能说制度是提高效率的工具。因此，一个组织的制度从内涵上说，是有效整合各种生产要素的纽带，是降低组织费用的手段。

制度的内容可以是什么？可以是任何制度化的成果总结。组织发展金字塔里面的所有变量，实践中一旦取得成果，都可以写到制度里面去，只要你认为它是好的。所以制度里面的内容就是那些组织认为是好的、然后被固化到里面去的方法、原则和规范。组织的任何一项管理成果都可以把它固化到制度里面，当然也可以不固化，但可能会这一次做得好，下一次又做得差，等于成果虽然取得了，但是没有被固化下来，组织绩效就容易出现反复，难以一如既往。这里面所说的成果就是一个组织、一个团队在实践中遵循发展规律取得的成果。当然制度里面也包含了对文化的管理制度。

许多管理学书籍并不谈及制度，原因在于制度已经内嵌在其他的管理内容里面了。只要谈及了某项管理，那就是已经默认了这项管理也要受到组织中制度化管理的控制。

以组织方式为例，"组织制度"是一个组织总体制度的三大组成部分之一（其余两个部分是"产权制度"和"管理制度"）。这样一来，如果管理学书籍里面已经研究过组织方式，也就等于同时研究过"组织制度"的内容。

再以责权利的匹配为例。如果匹配得好，就可以固化到两种制度里面，即固化到"管理制度"和"组织制度"里面，其中不但要固化匹配责权利的方式，还可以固化典型职位的责权利内容。因此只要我们研究了责权利的匹配细节，例如各项工作角色职责职权的界定和详细说明，或职责说明或角色说明书等，那么也就不必再去研究相应的组织制度了。

从以上讨论可知，七步激活执行力模型中的方法，就是一个制度化的方法。你可以把七步激活执行力模型固化到你组织的制度里面，当然你也可以不固化到组织的制度里面。如果你发现七步激活执行力模型很有效，那么你把它固化到你的制度里面，以后在执行类似目标时都按照这个模型去执行，这就是制度固化成果的过程，这就是制度化的管理。所以七步激活执行力这样一个模型，是我们奉献给你的一个实现目标的制度化建议。当然，如果你发现了新的办法，丰富了七步激活执行力的方法，那么你再把这些丰富了的方法成果固化和巩固到制度里面，下一次要想实现一个新的目标，就按照优化了的激活模型去一步一步地激活，这样实现目标的效率就会更高，对组织的改进就会更好，这就是制度的作用，它是对成果的固化和巩固。制度的作用，是要把组织在发展过程中获得的经验成果固化下来。

从表现形式上说，企业制度是指以产权制度为基础和核心的企业组织制度和管理制度。构成企业制度的基本内容有三个：一是企业的产权制度；二是企业的组织制度；三是企业的管理制度。这些制度都必须起到推动和维持组织生命健康发展的作用，而这些制度的来源是组织发展的成果，是组织从第一阶段向更高的阶段发展，并对每一个阶段发展成果的固化和巩固。我们在前面章节所讨论的组织形式、管理机制、控制系统、流程、责权利的匹配等内容，如果是对组织发展有利的内容，一定要把这些成果固化到制度里面，然后要严格按照制度执行。所以制度的作用，是让人们在工作之中不要忘记过去取得的成果，不要浪费过去取得成果的经验与教训。

在本节开始时我们就说过，有形制度的形成经过了三个阶段，即规范化、制度化和规矩化。规范化和制度化我们已经讨论过了，是一个把成果从规范到固化的过程，制度是对成果的固化和巩固。规矩化则是指人们养成一种按照制度规定的要求展开行为的习惯。个人习惯养成了，就有利于对接组织的文化。

（三）培育无形制度文化

文化的话题过于庞杂，本节只讨论获得组织所期望文化的一个"三步走公式"：一是分析组织现有的文化，二是确认组织期望的文化，三是通过文化管理的方式缩小两者的差距（见图6-5）。

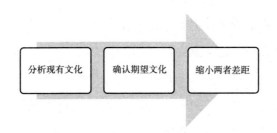

图6-5　"三步走公式"

越来越多的组织发现，组织文化不是一个虚无的东西，而是一个实实在在的东西。若想更好地理解组织的文化，不妨把现在的正式组织当作一个非正式组织来理解，非正式组织也有自己未成文的行为规范和准则等，这其实就是它的文化。

正式组织的文化其实是暗藏或隐含的价值观和行为规范，这些价值观和规范并没有诉诸于组织的制度条款，但却像在非正式组织中那样深刻地影响着人们的行为，所以组织的文化对员工的行为影响很大。如华为、海尔、阿里巴巴、腾讯、星巴克、IBM、惠普公司、麦当劳和迪斯尼等许多企业的成功，都在一定程度上归功于强势的企业文化，因为这些企业的市场、产品、资源、运营系统、管理系统和企业文化已经融合为一个整体了。

文化是企业获得成功发展和绩效的关键因素。在竞争中企业文化的作用不亚于特殊产品和服务的作用，有经验的人可以根据一个企业的文化，马上预测到该企业的组织问题。当一个组织已经转型为管理规范的实体，具备可行的计划、组织、管理培训和控制系统（绩效管理系统）后，它必须将注意力转移到一种无形但却实实在在存在的重要资产——文化之上。组织文化的管理是组织发展到成熟阶段的关键任务。

基于文化对于组织的重要性，许多组织亟须对其文化进行管理，因为其在发展中终于遇到了管理组织文化的挑战。原因有三个：第一，组织对其现有的文化不满意，其现有文化已经无法支持组织长期目标的实现；第二，组织想重新定义一种令其满意且能够促进其生存和发展的新文化；第三，组织想知道通过什么样的管理方法或方式，能使现有的旧文化转化为其重新定义的新文化，并且让新文化在组织中发挥实打实的作用。

事情的难点也正在于这三个方面：第一，组织现在的文化是什么样的呢？这需要一种有效的方法去识别它。第二，什么样的新文化才是适合本组织未来生存和发展的呢？这需要有效的方法去确认它。第三，通过什么样的管理手段使现有的文化转换到新的文化，使新的文化发生作用，促进组织成长呢？这仍然需要一种有效的管理方法去实现它。

下面我们就从这三个方面入手进行讨论，一是分析现有的组织文化，二是确认组织期望的文化，三是确认现有文化和期望文化之间的差异，制定组织的文化管理计划去消除这种差异。当然，消除新旧文化的差异只是一种期待目标。事实上，在实践中要想实现这一目标，最可取的态度就是要不断地去缩小它们之间的差异。

1. 审视并确认现有文化，并对它进行分析

一个组织的文化到底是什么？正如每个人都有自身的个性一样，所有组织都有其个性或文化，即一系列用以规范员工日常行为的共有价值观、信念和行为规范。

文化就是一个组织的个性，它就像一个组织的"基因"，充当了组织非正式的行为控制系统。组织文化通过各种管理手段体现了组织的核心价值观、信念和行为准则，所以文化是组织的"无形制度"。

作为一个组织的个性，文化表现在内部和外部两个方面。内部的员工认为组织的个性是什么？外部的顾客、竞争对手和公众对组织的个性是怎样认识的？

如果你了解了一个人的个性，你就已经决定了怎样与这个人打交道。一个员工了解了一个组织的个性，他也就决定了怎样与组织打交道。一个顾客了解了一个组织的个性，他也就决定了怎样和这个组织打交道。也就是说，文化决定了员工对组织的忠诚度和奉献程度，也影响着顾客对组织的认知方式。

其实，组织的整个外部环境都受到组织文化的波及，文化与市场形成了相互的影响和互动。一个组织想让其员工认可它，激发员工最大的执行力；又想让顾客认可它，让市场认可它，从而获得最大的回报。当组织在创业阶段时，其文化界定是松散的，往往并没有被组织明确列入管理日程。通常创业型组织的文化以"家庭"感觉为导向，这种文化在组织规模相对较小时是可行的。然而管理规范的组织，应该将组织文化明确作为一种需要管理和在整个组织中传播的因素对待，因为此时文化已经成为保持持久竞争优势的

源泉。

从上述种种原因出发，组织一定要管理它的文化，并从各个方面打造和体现它优良的个性，以期从人员和顾客那里获取最佳的回馈，以追求最大的价值。如何确认组织的现有文化？必须从员工和顾客对组织文化的认识展开调查。

内部员工能感觉到组织的个性，而且一般来说，他们对组织的感觉是准确的。比如肯德基的文化管理，就是刻意塑造具有服务意识导向的企业文化，其文化管理非常强有力，员工接受了肯德基组织文化的同时，其各种繁复的规章制度也就深深地内化到他们心中了。

外人对组织的感觉是什么呢？我们可以回想一下自己对麦当劳的感觉。麦当劳的个性（其企业文化）刻意打造一种家庭式的快乐文化：和蔼可亲的麦当劳大叔、金色拱门、干净整洁的餐厅、面带微笑的服务员、随处散发的麦当劳优惠券等，这些文化我们都能看得见、感受得到，这就是麦当劳文化的外在表现。

我们将写在纸上的文化称为名义上的文化，而人们实际工作中体现出的文化则是真正的文化。许多组织的文化是名义上的，它们发展了"文化"或"哲学"来描述其价值观、信仰和准则，而这些印在纸上的信息不是其真正的文化，只是组织希望成为什么样、或希望外人把它看成是什么样的一个自我标签清单。

在分析组织现有文化的时候，所强调的是要分析组织的真正文化而不是名义文化，所以现在要忽略书面的名义文化陈述，把注意力放在考察组织中的员工如何谈论他们赖以"生存和呼吸"的真正文化上。

文化是一个组织的个性。一个员工了解了其组织的个性，也就决定了这个员工怎样与他自己的组织打交道。然而员工不一定能够描述出组织的文化，他可能只知道组织印在纸上的名义文化，但如果让这名员工描述其组织的文化，大多数情况下是这名员工会照搬组织的名义文化，或者不知如何回答，因为他可能感觉不到什么是组织的真正文化。也就是说，从员工那里直接收集这类信息是不容易的。

采集组织现有真正文化的一个比较常用的方式，是让员工写出或讲出他们在组织中经历的小故事，比如要求员工讲出一两个亲身经历或听说的小故事。还有一个有效的方法是请他们把自己第一天上班的事情编成故事，他们可以写出这些故事，然后再按照写出的故事说给调查者听。

例如下面这则小故事：

"我是作为一名 IT 人员来这家公司面试的，面试我的人是行政主管，她在 IT 技术方面没有提出什么问题，却问了我许多关于行政和人事管理方面的问题，比如问我如何打招聘面试电话，如何对公司内的员工进行考勤等。可能是因为我承诺愿意做一些这方面的事情，结果我到公司上班之后，不但要接管 IT 方面的一切工作，还要抽许多时间帮助那位行政主管进行招聘和考勤管理方面的事情。到了后来，我每天上班的主要工作就是处理这些招聘、考勤方面的事。招聘电话从早打到晚，一个个约那些网站上的应聘者来公司面试，我真的变成了一名行政助理，而 IT 方面的工作却一点都不能少做，也没有人能帮到我，上面的主管还把很多行政和人事方面的工作计入了我的绩效考核表中。我感觉这家公司真的很乱，每个人根本就没有一个明确的责任范围，不但行政主管要抓人事方面的事情，我这名 IT 人员还要抓行政和人事方面的事情。其实公司在 IT 方面的事情也很多，许多员工的电脑或软件出了问题都要让我去处理，我还要负责对员工进行培训，真是忙得手忙脚乱啊！"

接下来是从故事里提炼出组织文化的关键要素，可以由员工自己或管理者来提炼文化要素。不管情况如何，一旦提炼和总结出了文化要素，应该在员工中传阅并要求修正或反馈意见。

例如从上面这个故事提炼出的文化要素有以下几点：①我们认为员工应该多干活；②我们认为员工都应该是多面手，本职工作之外还要尽量承担其他责任；③我们不关心员工的死活；④服从领导才是第一位的。

下面是另外一家公司的面试故事：

"作为一名工程技术人员，我头一次来到这样高档的写字楼。这是一家美资石油公司在北京的办事处，位于京广大厦的25层。我感觉周围的一切是那样的高级，公司的装修更是气派。最初面试我的是一位文质彬彬的女性行政主管，她是中国人，英文名字是Vivien。后来又进来一名叫马丁的老外，穿得非常休闲。面试的氛围很随和，但我还是紧张得出了一身汗，这是因为马丁的英语说得太快，我全神贯注地去听也只能懂得个大概，感觉自己可能要没戏了，不过Vivien一直善意地观察我，发现我听不太懂时就为我翻译。马丁肯定是看出了我的紧张，一直安慰我放松一些，还指着我的西服和领带告诉我，技术人员在公司里不必穿得这样严肃，平时只要穿比较正规的休闲装即可。另外他还特地告诉我，每个周五都可以穿牛仔裤。听到这些我很感动，信心大增，感觉自己应该是被录取了，心里那种兴奋就别提了。"

从这个故事提炼出的文化要素有以下几点：①我们希望使接触到的每个人都感到自己备受重视；②我们尊重他人；③我们为员工提供优质的工作环境。

在分析故事时，确定文化如何在组织中体现是十分有用的。对员工来说，什么象征物是重要的？他们使用什么样的语言谈论自己、顾客和公司事件？哪些仪式是重要的？谁得到奖励？为什么？对员工来说什么样的奖励是重要的？这些对确定现有文化十分重要，同时对如何管理这些表现形式以形成更专业化的文化也十分重要。经过这样的分析，可以发现一些相互冲突的亚文化。比如说，每个部门可能遵循稍有不同的价值观。在文化管理过程中这是很重要的信息，因为文化管理过程的目标是融合所有相互冲突的文化，以使它们能支持组织的全局目标。

除了故事分析外，还可以利用面谈或文化调查的形式来收集组织文化的信息。设计一系列面谈问题，这些问题里面包含了一些文化关键要素，如"组织如何对待员工或顾客"等，从对这些问题的回答中，可以收集到有关现有文化的信息，也能收集到员工认为文化应当是什么样子的信息。

组织内部的人员去收集这样的信息可能不方便，因为受访员工可能不能完全坦诚相告。可以采取一些替代的方法，比如设计并展开组织文化调查，这种调查只关注如何确认组织的价值观、信仰和准则，而不是员工是否对工资和福利感到满意。通常这些调查不应超过 50 个问题，每个问题应该包含或代表现有文化的一个关键因素。

另外，制度或组织的基础设施要素的列表也十分有用，其中也包含了许多涉及当前组织文化的信息。可以对组织现有的制度加以研究和分析，也可以对组织借以辅助这些制度的基础设施加以研究，以获得一些关于组织现有文化的信息。

总之，不管采用什么方法收集组织现有文化的信息，结果都可以制作为一张表格，其内容罗列了组织的现有文化要素及其意义。有了这些信息之后，我们就可以去进行下一步，即确认组织期望的文化了。

2. 确认组织期望的文化

前文已经说过，处于不同成长阶段的组织需要不同的制度和文化相匹配。在管理组织文化的这一步，就要提出这样的一个关键问题："在组织目前的发展阶段，我们的文化应该是怎样的？"

不管在哪一个阶段，都应该由高层管理者来回答这个问题，这样他们才能不仅专注于今天的组织文化，还会专注于未来几年内组织文化应该是怎样的。通过头脑风暴会议、研讨会或调查，高层管理者应该建立一系列他们认为能满足组织需要的价值观和信仰，以作为所期望的组织文化蓝本。例如阿里巴巴的价值观是"客户第一、团队合作、拥抱变化、诚信、激情、敬业"共 6 个关键短语，每个都有相应段落来解释其含义。以阿里巴巴对每一个价值观的含义解释为例，我们把它列在下面：

（1）客户第一：客户是衣食父母；

（2）团队合作：共享共担，平凡人做平凡事；

（3）拥抱变化：迎接变化，勇于创新；

（4）诚信：诚实正直，言行坦荡；

（5）激情：乐观向上，永不言弃；

（6）敬业：专业执着，精益求精。

如果你的组织选择使用上面这样的列表，高层管理者就应该为每个文化要素提供书面定义，这样才不会使员工对理解其意义产生偏差。

建议文化叙述为5~9个关键条目，每个条目可以包括简单的定义，这样可以帮助员工记住和理解它们。

3. 研究并确认现有组织文化和期望文化之间的差异，并制定文化管理计划去缩小这个差距

一旦组织管理层确认了它希望或需要的文化是什么，下一步的基本问题是："员工在我们描述期望的价值观、信仰和准则时感受如何？"也就是要在全体员工中确认，所期望的目标文化在他们心目中的现实情况是怎样的。比如，所确认的现有文化和期望文化的差距不是很大，期望文化的要素已经有50%表现在现有文化之中了，那么另外50%就是新旧文化之间的差距了，这个差距才是需要制定文化管理计划去缩小的差距。

也就是说，要用通过故事、面谈和调查得以确认的现有文化，去和由高级管理层定义的新的目标文化进行比较，看看有哪些差异。如果目标文化已经成为现实了，那就是最理想的。如果现有文化和支持组织长期发展的期望文化之间有很大差异，那么为了消除两者之间的差异，管理层就要发展能够更好地管理组织文化的战略，并加以实施，以缩小两者之间的差距。总之，所制定的文化管理计划，应保证保留所期望的文化中已成为现实的那些部分，另外再通过实施文化管理计划，来消除现有文化和目标文化之间的差距。

（四）基础训练六：制度管理

你的组织或团队里有制度吗？它对员工的影响力到底有多大？为什么结果会是这个样子？你是如何理解有形制度和无形制度的？两种制度如何有效链接？在你的理解中，制度究竟应当是什么？思考之后，请完成下列表格的填写。

定义制度	简单化定义制度	
请描述制度有效的三个过程	规范化	
	制度化	
	规矩化	
解读无形制度文化培育过程	确认期望文化	
	分析现有文化	
	消除两者差距	
两种制度链接	"规矩化"与"消除两者差距"的融合	
说明：		

第七步

全面激活执行力：落实到位的激活

撸起袖子加油干！

——习近平 2017 年新年贺词

（一）落实到位总述

任何一个人，他在追求目标的时候都期待落实到位。只不过对于不同的人来说，落实到位的程度、激活执行力的水平却是不同的。完成了七步激活执行力模型每一步的管理者，其落实才是全面的落实，因为其对执行力的激活是全面的激活（见图7-1）。

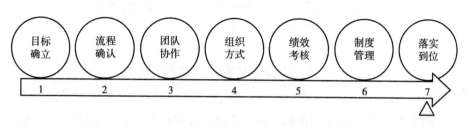

图7-1 第七步，落实到位

那些没有激活组织中执行系统的管理者，他也能够落实到位，但他的落实是一种对组织目标还没有理解透彻的落实，激活的执行力自然也不强了。

来到这里的你已经走过了七步激活执行力模型的前面六步。因此，现在的落实就是全面的落实，现在的激活就是全面的激活。

本章主要讨论七步激活执行力的最后一步——落实。把执行落实到位的本质，称之为"简单化落实"。我们来对全书进行一个总结，看看执行力是如何被全面激活的。

（二）简单化落实

简单化落实并不是"简单落实"。简单化落实的意思是在落实的时候，不必把事情搞得过于复杂。

如果在落实的阶段把事情搞得过于复杂了，你就应该怀疑，前面六步中的有些地方没有做到位，以至于使你过于挂念，越想越多，结果就把落实弄得越来越复杂了。如果你已经在前面六步做完了那样多的工作，已经为最终的落实和执行做好了目标和系统方面的全部准备，那么现在的落实就应该是非常简单化的。总结下来就是以下四个方面，一是实施计划，二是展开行动，三是兑现奖惩，四是落实责权利。

以上四个方面的关系如图 7-2 所示。

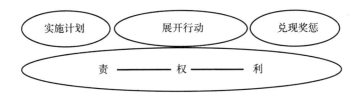

图 7-2　简单化落实的四个方面

图 7-2 中的"落实责权利"这个方面，其实并不是要到最后一步才要做的，而是在七步激活执行力模型中的每一步中都要做的，它贯穿七步模型的始终，因为任何一个做着事情的人，必定是出于责权利的推动的。

以七步的第一步"确立目标"为例，那时的责权利落实问题，其实是落在管理者或拥有参谋职能的团队或人员身上的，他们工作的重心是有效界定责权利，否则谁去进行那些"解剖目标、界定责权利、找到表达目标的一句话"等复杂而繁琐的工作呢？七步中的其他各步也是同样的道理，进行工作的人们一定是已经落实过相应的责权利了。在这一步只是根据前面几步对责权利的安排展开跟踪检查，进一步地把具体措施落到实处。因此，简单化落实就只有三个方面，即实施计划、展开行动、兑现奖惩。实施计划，即制定资源匹配、时间安排和风险应急三方面的计划。展开行动，即按职能分工并按计划执行。兑现奖惩，即在执行的事中和事后依据职能要求和考核结果进行奖惩。因此落实就只有三步：计划、行动、奖惩。

是不是很简单？因此才称为"简单化落实"，不要把落实的事情搞得太复杂了。但是要记住，现在的简单都是建立在前面工作的基础之上的，即都是建立在七步中前六步的基础上来落实兑现的。"简单化落实"只有三步，每一步都有一些细节要弄明白。下面我们就去看看第一步：实施计划的制定。

1. 实施计划的制定

在七步激活执行力前面的六步之中，我们已经为制定实施计划做了不少准备工作了。例如，在"确立目标"的这一步，我们对目标进行解剖时，制定了能力计划，识别了目标的风险，划分了实现目标的阶段等，这些解剖工作就是为现在制定实施计划而做的。

我们现在所要制定的实施计划，包括以下三类：资源的安排、时间的要求、应急的设想。三个方面的关系如图7-3所示。

在资源的安排方面要制定出计划，其实这方面我们已经做了一些工作了，例如我们已有的能力计划就属于资源的安排计划，因为资源就是能力的一种。资源安排计划的内容无外乎就是关于如何分配资源、调配资源的计划，其中对资源的安排越恰当，激发出的执行力就越有效。

在时间的要求方面，我们也已经做过一些工作了，例如在"确立目标"时，我们对目标进行的"阶段划分"这一解剖步骤，就是在计划达成目标的

图7-3　实施计划的制定：三个方面

时间。现在，对任何执行工作都要有时间的要求，因为我们的目标原本就要求符合 SMART 原则，这个目标在最初的确立阶段就是要按时限完成的。我们要把目标的时限、阶段的划分等时间方面的要求，分解到所有任务的实施计划之中去，这样才能保证目标最终能够按时实现。那些信奉"慢工出巧活"的人们应该知道另外一个事实，精细的时间安排是卓有成效管理的基础。时间对任何目标都是刚性的资源，这样的资源最应安排妥当，所以我们才把这一特殊资源单独拿出来进行计划。因为一个没有时间要求的计划会变成一个无限期的计划，是激发不出追求目标的执行力的。

还要特别提到的就是"应急的设想"。我们前面在目标确立的时候，已经做过了"风险识别"，风险识别出来了以后，我们不知道那些不确定的事情会不会在执行的过程中发生，但我们知道每种风险发生的可能性和影响度有多大，不得不做好其万一发生的准备。如果没有这方面应急的准备和设想，万一风险发生了，我们的目标不仅不会实现，可能还会出现其他预想不到的后果。所以，在事情没有发生之前，不管它会不会发生，我们都要针对已经识别出来的风险做好应急的计划和设想，对这些设想的要求与通常的应急预案一样，应该是针对风险的行动方案，便于在风险发生的时候拿出来就能用上。

上面三种计划制定好了之后，全面展开实施的准备也就做好了。接下来，我们就要按照这些计划去安排实施了。

2. 按职能分工展开行动

到目前为止，我们已经完成了七步激活执行力模型的绝大部分工作，前面六步已经完成，第七步也来到了"简单化落实"的第二步。

这第二步在全过程之中，有着极其重要的里程碑意义，这意味着全员全方位的执行活动现在真正开始了。

按照七步激活执行力的顺序，到目前为止我们所做的工作，大多集中在谋划和决策方面，真正面向目标的具体执行行动尚未开始。整个的七步过程，也是"谋划—决策—行动"过程的写照，这符合人类"谋定而后动"的科学步骤，这样才能真正地"知止而有得"，有效地实现目标。

一个目标制定得恰不恰当，以及用什么样的恰当方法去实施，应当先有人对其进行分析和谋划，然后管理层根据相关信息做出的决策才有较强的科学性。如果未经参谋认证和调研的话，负责决策的管理者也不敢轻易拍板，因为盲目决策最容易造成决策失误，不但会造成资源的浪费，还可能会造成严重的后果，由此可见决策过程的严肃性了。所以，参谋对决策起到了谋划、调研和分析的作用。当决策正确时，执行的有效性就会提高，目标的成功率就会增强。

执行职能负责落实和实施，即负责流程中真正的转化工作，并且给出行动的结果。为了对执行活动再次进行督促和把关，看执行部门有没有去执行，是不是按照决策去执行了，就需要监督职能。无论是团队之中负责监督的人员，还是组织中的监督部门，目的是对执行的过程和结果进行控制，以防执行得不到位。这样就出现了四种职能：参谋、决策、执行、监督（见图7-4）。

我们现在的落实分工，就是按照参谋、决策、执行、监督这四种职能去划分的。实际工作中，一个组织或一个团队可能会有许多的职能分工，但都可以根据职能性质归入这四个职能类别。一切目标落实的实施活动，也是按照四种职能的分工展开行动的，如图7-5所示。

如果我们此时再回过头去，从"简单化落实"的总视角去俯瞰我们当前所在的位置，就会是图7-6的样子。

图7-4   组织内人员或团队的职能划分

图7-5   按职能分工展开行动

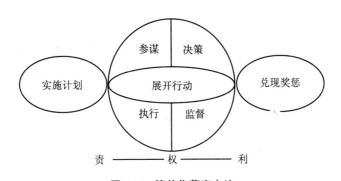

图7-6   简单化落实方法

从图7-6可以看出，我们现在位于"简单化落实"中最重要的一步，我们落实责权利的方式，是按照四种职能进行分工的，然后再开始按计划展开行动，展开行动的方式如图7-7所示。

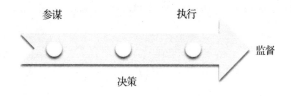

参谋　　　　　　　执行

监督

决策

图7-7　按职能分工展开行动

在七步激活执行力的第三步，我们已经根据目标能力的需要组建了一些团队，这些团队是按照流程的需要组建的，团队的类型也有多种，例如包括职能团队、项目团队和专家团队等。此时，这些团队各自获得了自己的任务，都有了自己的小目标。在各团队的内部，其人员的分工也是按照职能分配的，即是按照"参谋、决策、执行、监督"的职能分配的。而团队获得的任务，也是按照团队的职能进行分工的，所以团队的职能也同样是这样的四种，即参谋、决策、执行和监督。

以企业为例，"工程部""市场部""生产部"等部门是执行职能团队，"计划部"则属于决策职能团队，"品质部"则属于参谋与监督职能团队。又例如在人员方面，管理层的人员通常拥有参谋和决策职能，但项目部负责人主要职能却是在执行方面的。工程部的职能虽然是执行，但里面的质检员却拥有监督职能。也就是说，团队内部人员的职能，或者团队本身的职能，都是可以归结为参谋、决策、执行、监督这四大职能的。现在，我们不但按照这四种职能进行分工，也按这四个职能来展开行动。当把四大职能认识清楚之后，在执行和兑现奖惩的时候，我们才会知道要注意哪些方面，才知道出了事情应该打谁的板子，成功之后谁应该得到奖励。

3. 兑现奖惩需要注意的几点

兑现奖惩是绩效管理系统的一种机制，对行为有激励和修正功能。在当前的全面落实阶段来谈兑现奖惩，意味着绩效管理系统全面运行起来了。兑现奖惩必须依据绩效考核的结果，同时考虑激励的效果。如果没有奖惩兑现的话，说明绩效管理系统部分失灵，测评和评估失去意义，考核是不能起到激励作用的。兑现奖惩，也是按照四种职能进行的，如图 7-8 所示：

图 7-8　依据职能兑现奖惩

　　奖惩就是两个问题，一是出了问题打谁的"板子"，二是取得成绩谁该得到奖励。按道理说这是一个很简单的问题，如果绩效管理系统的各个环节未出问题，各类人员的关键结果领域界定清晰、目标明确、指标合理的话，在兑现奖惩时将不会出现什么问题，然而现实中的事情却不是这样简单的。

　　在为多家组织进行咨询的过程中，笔者发现奖惩错位的事情屡屡发生。人们的观念和惯性思维似乎越过了责权利的界定范围，兑现奖惩凭想当然，经常把板子打在不该"挨打"的人身上。因此笔者总结了一个"简单奖惩思维范式"：出了问题应该区别不同情况分别打"执行者"或"决策者"的"板子"，取得成绩大家依据考核得到奖励（见图 7-9）。

　　虽然从绩效考核的理论上说，任何失职或决策错误者都应该被"打板子"，然而在现实中笔者却看到了太多不该挨"板子"的人替别人挨了"板子"。例如，很多时候问题出在执行者和决策者身上，但是挨板子的却是参谋者和监督者。这显然是绩效管理系统出了问题，很多事情是打错了板子。

　　就拿常年的污染问题来说，经常挨批评的是环保部门。为什么环保部门挨了批评之后，污染问题还是得不到解决呢？原因就在于，环保部门的职能

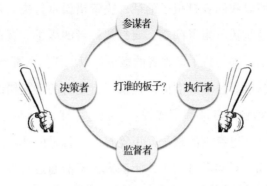

图7-9　出了问题，该打执行者或/和决策者的板子

是参谋部门，也是监督部门，他们没有执行的责权，打他们的板子，就违反了责权利的匹配原则。只要环保部门尽到了参谋和监督的职责，就不该打它的板子，原因就在于它不是执行部门。若是环保做得不好，第一个要挨板子的应该是执行部门。如果某个城市的污染没有治理好，肯定应该打市委市政府的板子。如果板子打到环保部门身上，就算把它打死了，而执行部门仍然没有按照环保的规定的原则来做的话，环保部门哪怕进行人盯人的监督也是没有用的。只有打了执行者的板子，把他打得痛了，哪怕他不懂怎么去做，他也会去请教参谋部门："能不能教教我们，怎样才能把环保搞好？"他还会去请教监督部门："对环保有什么要求？有些什么规则？我们会按照要求去做的。"可是如果板子打在了监督者和参谋者身上，执行者不会受到真正的触动，原来怎么样，现在还怎么样。他们没有压力，也就不会去请教参谋者和监督者，反过来会出现那种奇怪的场面：监督者或参谋者去请求执行者的合作，后者则会说："哦？这些不是你该做的吗？"

　　在执行的过程之中，很多时候我们都把板子打错了，没有打到执行者身上，反而打到监督者和参谋者身上了。

　　另外，出了问题之后，如果发现执行者的执行是到位的，是不折不扣地按照决策者的决策去执行的，那么此时的板子就该打在决策者身上。为什么不能打在参谋者的身上呢？因为如果决策发生了错误，应该负责的是决策者而不是参谋者。所以我们要打板子的话，决策错误就打决策者的板子；如果决策没有错误，就是执行出了问题，要打执行者的板子。真正的参谋者，是不能打他的板子的。如果打了参谋者的板子，以后任何人都不敢出谋划策了，因为无论是哪个参谋者也拿不准他的建议一定是对的还是错的。参谋的本职是调查研究，因此参谋者谁都不敢说："我这个建议一定是100%正确的。"没有人敢这样说。所以参谋的板子是不能打的，打了的话，从此以后就没有人去干参谋了。如果对参谋者的工作不满意，不能通过打板子来解决，只能通过换人来解决。监督者的板子也是不能打的，前提是他尽到了监督的职责。可是我们在很多实际工作当中看到的，却是出了问题就打监督者的板子，这是不对的。监督者的职责在于监督，除非赋予了他能够对执行者直接打板子的权力，否则他是无法影响执行结果的。

奖惩就是有奖也有惩。只有惩罚没有奖励，那也是不对的。奖励的时候各种职能都有机会，参谋者和监督者也都应该得到应得的奖励，他们积极性会更强更高。在这里就不展开论述了。

4. 落实执行基石"三要素"

有了目标，就产生了对"责权利"的需求，目标本身就内含"责权利"要素的内容，没有责权利支撑的目标是确立不起来的。"责权利"是执行的基石。匹配"责权利"就是在夯实执行力的基础，为执行奠基。因此，我们从七步激活执行力的第一步开始，就先界定了责权利，到第七步为止，责权利要全部落到实处。责权利贯穿"七步激活执行力"模型的始终（见图7-10）。

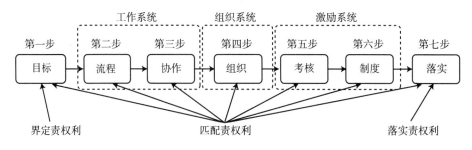

图7-10 责权利贯穿七步中的每一步

在第一步"确立目标"阶段，我们先把目标的责权利界定出来，以便以后每一步的匹配或落实；在第二步"流程"阶段，流程本身就是匹配责权利的工具；在第三步"协作"阶段，责权利的清晰匹配加强了团队间的协作；在第四步"组织"阶段，组织方式为责权利提供了组织架构方面的保障；在第五步"考核"中，通过考核检验了权责匹配与落实的效果，奖惩制度主要落实了责权利中的"利"；在第六步"制度"阶段，把好的责权利匹配方式以及我们在七步取得的一切管理成果固化下来；在第七步"落实"阶段，责权利全面落实，执行力全面激活。

因此，七步中的每一步都在围绕解决责权利问题展开界定、匹配和落实活动，七步激活执行力模型就是为了把责权利问题解决到极致而设计的。解决责权利问题是根据目标展开的，是通过七步激活来进行有效解决的。如果没有七步激活，责权利就比较难以落到实处。简单化落实，最终把责权利的任务全部落实完毕，从此我们就要采取行动，扬帆起航。

（三）全面激活：实现执行力激活"三级跳"

现在对激活执行力的方法进行一些宏观总结。

有了目标之后，最原始而朴素的执行方式，就是界定和落实了"责权利"之后，天真地盼望、等待着目标的实现。

假设张厂长就是这样一个人。当他想到一个目标后，马上就开始分派任务："老李，这个你在行，你负责。赵主任，你年轻，负责那事。小刘，你负责组织人手办那件事……各位，我们一起努力，一定要完成任务啊！"然后，他就天真而虔诚地盼望着事情能办成。他既没有解剖目标，又没有落实到位，更没有激活组织的执行系统，就这样开始去干了。

这是大多数人的行为方式，他们只激活了执行力的基石——界定并落实了目标的责权利。这种方式激活的执行力，能否保障目标的完成呢？未必可以。管理者只进行了"一级跳"，只激活了执行力的基石——责任、权限、利益。当管理者经验丰富一些后，他就会知道，在激活了执行的基石之后，不会天真地等着目标的达成，他还会紧抓落实，激活执行的行为。如图7-11所示：

激活执行的基石

图7-11　一级跳：激活执行的基石——责权利

在七步激活执行力模型中，执行的行为包括第一步的"目标确立"和第七步的"落实到位"。这样一来，还是上面那位张厂长，在有了新目标之后，他先解剖了目标，界定并落实了责权利，然后，他又制定了实施计划，又按照职能分工展开了行动。他已经比过去进步很多了，但他还是没有主动去激活组织的执行系统，他只是一个"对具体行为直接控制的管理者"，只知道如何用好人，但却没有把人放到系统之中去用，没有利用系统的力量引导人、协调人、保障人、考核人、影响人，他没有利用系统对人的间接控制力量。所以我们说，他只进行了"二级跳"，如图7-12所示：

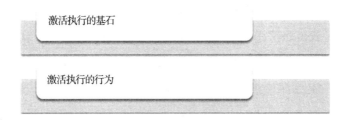

激活执行的基石

激活执行的行为

图7-12　二级跳：激活了执行的基石和执行的行为

能做到上面"二级跳"的管理者，应该算比较有经验了。比起之前，他现在已经提高了达成目标的成功率。然而可惜的是，他仍然只看到了冰山的上面，没有激活组织的执行系统，没有激发出组织最大的执行力，冰山下面的执行系统，目前对他来说还是模糊的，看不清的，如图 7-13 所示：

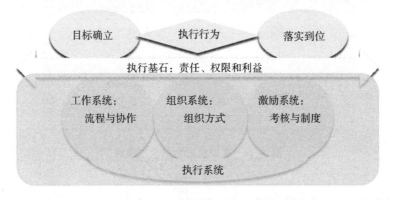

图 7-13　只激活了冰山的上面

图 7-13 中，达到"二级跳"的张厂长已经完成了"冰山"的上面部分，已经做到了七步激活模型的第一步和第七步，但他看不清冰山下面的执行系统，所以他把第二至第六步省略了。这样一来，他不但得不到执行系统的恩惠，反而可能遭到它的反噬，例如他可能受到流程的困扰，可能发现团队的协作不畅，可能感觉组织的保障不力，察觉考核起不到推动作用，制度没有影响力等。总之，他仍然没有发现组织系统具有的最大的潜在执行魔力。

卓越的管理者就不同了，他知道组织的内涵和潜能。他在制定了目标之后，会从系统的高度思考执行的诸多问题，并且准备激发出组织内部的全部潜能。这是一种成熟的标志，他已经知道了执行的力量来自于精巧的流程、协作的团队、给力的组织保障、严明的绩效考核，以及富于影响力的制度。他先缜密地确立了目标，然后又一一激活了三大系统，最后鼓动全员行动起来去落实、去执行。总之，他做到了七步激活执行力的每一步。他成熟的特征之一，就是激活了组织的执行系统。此时我们说，他在追求目标实现的过程中，已经实现了激活执行力的"三级跳"，执行力的全面激活是毋庸置疑的，如图 7-14 所示：

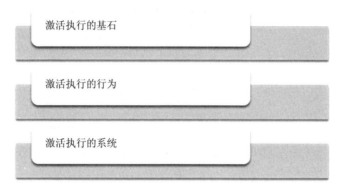

图7-14　实现执行力激活三级跳

图7-14中的第三跳，即"激活执行的系统"这一跳，它是那样的重要，因为执行系统中蕴含着巨大的能量。达到了三级跳的水平，我们可以说这样的管理者已经达到了激活执行力的第三层境界了，他已经熟悉了激活执行力的三层法则，如图7-15所示：

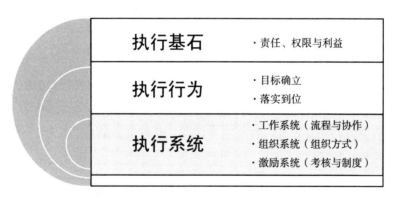

图7-15　三层激活法则

图7-15看起来像是"三级跳"图的细化版，它将执行过程的活动，展示为关键的法则和进阶的过程，表明管理者的执行思维，是按照上图中的顺序，自上而下地逐渐成熟的。当他做到了上面的全部，他就理解了一个组织追求目标实现的所有法门了。

七步激活执行力模型中的每一步，与上面的"三级跳"法则有什么关系呢？如图 7-16 所示：

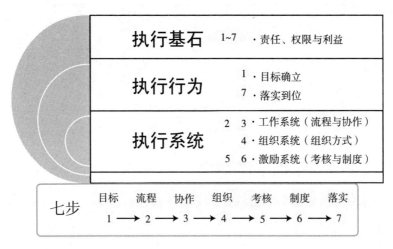

图 7-16　七步与三层的关系

由图 7-16 可见，成熟的管理者沉着而稳重，他在界定了责权利之后并不急于去落实到位，而是深深地钻到执行系统之中去工作，对流程、协作、组织、考核和制度五个方面进行调整，该增的增，该减的减，该动手术的就动手术。他就像机场工程师一样，在飞机起飞之前彻底检查了一遍飞行系统并进行维修，最大限度地保障了飞行顺利。

对于卓越的管理者来说，执行活动的"冰山原理"已经不见了，组织像爱人一样对他敞开一切，他领悟了系统的原理，沉浸于系统的思维，已经融入到组织之中了。如图 7-17 所示，七步激活执行力就是要求组织中的中高层管理者对"执行的冰山原理"了然于胸，运用自如，从而使自己执行方面的管理技能升级，提升所在组织实现目标达成业绩的执行力。

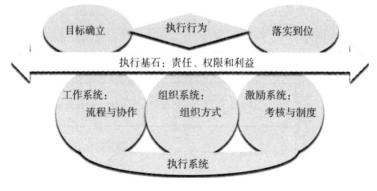

图7-17 冰山原理

（四）基础训练七：落实到位

七步激活执行力模型，不但是组织激活目标执行力的有效工具，同时也是个人激活目标执行力的思想工具。回顾一下个人、团队或组织的一次执行失败经历，看看是什么导致了失败。利用下面的格式，分析一下表格中所涉因素在该次失败中的表现，并从中找到失败的个中原因，将你的理解填入表格，以尽力杜绝以后的执行失败。

实施计划	资源的安排是否恰当	
	时间的要求是否合适	
	应急的设想是否可行	
职能化分工以及兑现的措施	参谋是否合理	
	决策是否正确	
	执行是否到位	
	监督是否有效	
落实责权利及其衡量的方法	责任（责任感形成否）	
	权限（掌控感存在否）	
	利益（成就感找到否）	

全面激活	执行基石是否激活 （责权利的匹配）	
	执行行为是否激活 （目标确立/落实到位）	
	执行系统是否激活 （流程/协作/组织/考核/制度）	
说明：		

附　录

（一）七步激活之旅的文化诠释

管理的最高境界是知行合一，道、术兼修。思想境界是道，方法技巧是术。道是宏观视野，术是微观脉络。我们也应该从具体的管理之"术"出发，去感悟深邃的管理之道。

在前面篇幅中，我们的叙述一直是在西方管理学这个"术"的框架中进行。现在，我们要尝试着向"道"的层次提升一下，以期把"七步激活执行力模型"与博大精深的中国文化相结合，借以深化底蕴，使"术""道"相通。

这个工作是可以做的，因为在我们的系统中，含有那个最神奇的数字——七。这个数字既代表了要用"七"步去激活执行力，又在中国文化中与北斗七星相联系。北斗七星这一天文奇观，令我们的祖先领悟了太多的智慧。而现在，我们要用"七"这个数字，把我们的模型与之相联，就像下面这样的联想（见附图1）：

千万年来，北斗七星漂于天际，随季节时间变换方位，斗柄轮转于东南西北，但无论如何变化，"天璇"遥望"天枢"的视线却总是指向着北辰，就像在告诉我们一个道理：从七步激活执行力模型出发，定能窥见些许管理的道理。

"七步"与"七星"结合，形成了"执行力导航系统"，为我们指引着实现目标的方向。中国人自古就讲究执行，这种追求目标的执着，如骏马跋涉

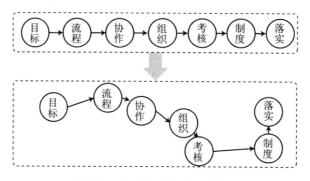

附图1 从"七步"到"七星"

般坚韧。执行就是负重前行，像坚毅的马儿拉上了任务的大车，目光坚定，默默上路。这一令人鼓舞的意象，结合"北斗七星执行力导航模型"，则能完美地体现执行过程中的毅力和前瞻，是智慧与勇气的化身，使我们在努力执行中感悟伟大的人类精神。

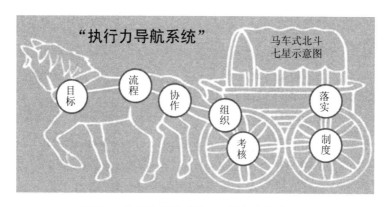

附图2 执行力导航系统——马车式北斗七星

在附图2中，马拉着车向前行进，展示了努力执行的形象。七步激活的每个元素，以七星的形态分布于马车上的关键工作部位，它们的联系就像北斗七星那样紧密，说明了七步执行的朴素道理：只要以目标引导，以流程促进，配合团队的协同和组织的保障，再以考核来推动，以制度去影响，最终以落实鞭策执行的全员，则必能全面激活执行力！

（二）执行导航雷达图测评系统

目标导向的执行力激活得如何，能不能用一张图一目了然地表现出来呢？附图3就是这样的七维测评系统，笔者称它为"执行导航雷达图测评系统"。这个系统就像扫描天空的雷达那样，朝着七个维度扫描对应的执行力元素，每一个维度代表了七步激活执行力模型的一步。它能让我们直观地测评七步激活的每一步。

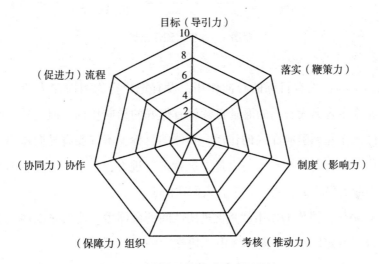

附图3 执行导航雷达图测评系统

这里我们根据某个组织的执行现状，用附图3对执行力的七步分别测评之后，测评的结果如附图4所示。

雷达图有七个方面，由内向外有十个测评单位，代表了七步执行每一步的落实情况。由附图4可见，每一维测试七步中的一步，分别测量的是以下七点：

（1）目标：它是指引执行方向的，目标有没有起到导引和导向的作用？它有没有导引力，导引力可得多少分？

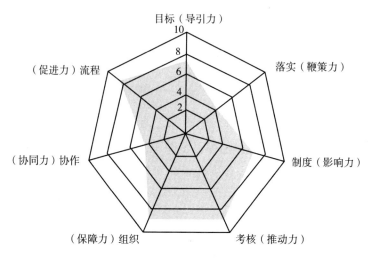

附图4　执行力测评结果

（2）流程：光有目标的导向作用，没有把执行力引向深入的作用也不行。比如许多著名大公司的愿景目标就有很好的导向作用，但是这些愿景很难对具体工作起到引向深入的作用。具体的目标，不仅要有导向作用，而且要有把执行力引向工作系统的力量，这就是促进力，它来自流程，因为流程对执行力起着促进的作用，它推着人们往前走。

（3）协作：协作的作用就是促进团队间的协同力，使大家都往一个方向协同。协同力如何？可在附图3中"协作"一项上标出来。

（4）组织：对执行的保障力是来自于组织的，组织所起的就是保障作用。正式组织和非正式组织，在执行力方面分别起到了什么样的保障作用？起到了多大的保障作用？可以在附图3中的相应维度标出来。

（5）考核：奖惩和考核对执行力的作用是推动作用。我们的考核有没有起到这个作用？在多大程度上起到了这个作用？它的推动力多大？可根据情况标在附图3中。

（6）制度：组织中的人员有没有受到制度的影响？制度对你有没有影响力？如果制度的影响力很弱，那一定就是形式主义的制度。制度的影响力有多大？请在附图3中相应的维度把它标出来。

（7）落实：这是七步激活执行力的最后一步，它有没有鞭策力？鞭策力有多大，请标在附图3中的相应地方。

如果你已经做完了七步中每一步的测评，把相应的七个测评点连在一起，就会得到附图4那样的一张测评结果图。

在附图4中，我们对七步中的每一步进行了测量，阴影部分就是测评结果，阴影的面积越大，说明执行力越强；面积越小，说明执行力越弱。就像打仗一样，执行力在图中攻城略地，占领了一个又一个区域。被占领的阴影部分面积越大，执行力就越强。这样，我们就能一眼看到执行的全貌了。

附图4把七步激活执行力的结果进行了部分量化，执行力从宏观的估计落到了数据的地板上了。有了这张测评结果图，我们就可以开始分析，从图中的阴影部分发现执行力的一些问题。例如在附图4中，"协作"和"落实"这两方面做得不好，都是4分多一点，说明执行的协作力不足，要么价值链搭设得不好，要么团队组建有问题。其次，"落实"的低分可能与"协同"有关，因为协同不好，落实的时候可能出现了互相推诿的情况。"目标"的导引力将近8分，因此可知，目标的确立起到了导引的作用。"流程""组织""考核"三方面做得很好，都在9~10分之间，所以流程对执行的促进力很大，组织对执行的保障力度很强，考核对执行的推动也很强。

从以上分析我们得出初步结论，评测结果图能让人一眼就知道执行力的短板在哪个地方，问题出在哪个地方。这张图的方便之处在于，它把量化的东西变成了直观形象，图中能看到执行力各方面具体的强弱，一目了然。这样一测，就可以一眼看出哪方面需要加强，例如协作和落实显然都要加强。如果把这两方面加强了，这个执行力的面积就会增大，组织的执行力就加强了。

从以上七个"力"的方面，我们看到获得了激活的组织执行力。如果这七个力做得都很好，执行力一定不会差到哪里去。你可以对自己现行的执行力进行评测，对七个力的方面一一加以检查，看看其各自对执行力所起的作用，看看执行力中的七个激活要素哪一个是短板，哪一个是强项。这就是雷达测评系统的意义所在，它能帮助我们发现执行问题，并有针对性地改进执行力。

参考文献

［1］《团队管理》（内部教材），英标人力资源网络技术开发有限公司组织编译。

［2］［英］阿代尔：《员工激励》，海南出版社 2008 年版。

［3］［美］彼得·德鲁克：《卓有成效的管理者》，机械工业出版社 2009年版。

［4］迈克尔·波特：《国家竞争优势》，中信出版社 2012 年版。

［5］［美］彼得·德鲁克：《管理的实践》，机械工业出版社 2009 年版。

［6］［美］阿代尔：《时间管理》，海南出版社 2008 年版。

［7］［美］李·克拉耶夫斯基、拉里·里茨曼：《运营管理——流程与价值链》（第 7 版），人民邮电出版社 2007 年版。

［8］［美］弗拉姆豪茨、兰德尔：《企业成长之痛：创业型企业如何走向成熟》，清华大学出版社 2011 年版。

［9］［美］汉纳：《组织设计：如何构建高效能团队》，中国青年出版社2014 年版。

［10］迈克尔·波特：《竞争战略》，中信出版社 2014 年版。

［11］［美］彼得·德鲁克：《管理使命、责任、实务》，机械工业出版社2009 年版。

［12］许玉林：《组织设计与管理》，复旦大学出版社 2010 年版。

［13］［美］赫尔曼·阿吉斯：《绩效管理》（第 3 版），刘昕 柴茂昌 孙瑶译，中国人民大学出版社 2013 年版。

后　记

绩效管理的目标应当是驱动绩效。评估绩效只是驱动绩效的手段之一，而激活执行力则是驱动绩效的良好策略与方法。

本书确稿之后，我带着上述基本观点，走访了不少管理专家和企业中高层人员，他们的一项共同认识是："绩效来源于强有力的执行力。开展绩效管理工作，聚焦驱动绩效比聚焦评估绩效效果好。"这让我意识到：对于当代组织来说，重构绩效管理势在必行。

如果读者能够在实践中运用本书中所提出的以下几个创新做法，相信将提升绩效管理活动对自己组织的贡献程度：

一、站在组织的层面展开绩效管理的重构研究；

二、以激活执行力为核心来重构组织的绩效管理；

三、构建"执行活动的冰山原理"思想体系；

四、有效打造"七步激活执行力"的工作流程。

本书中的原理和观点获得被走访专家和管理者的赞许，大家一致认为其对组织的绩效管理实践具有特别的指导意义。

张友源

2019 年 2 月 28 日

《友源咨询坊》管理培训课程清单

指导与通识课程	辅导与咨询课程
一、标准化指导课程（RIC） （课程对象为中高层管理者） 1.《重构绩效管理》（R） 2.《绩效管理创新》（I） 3.《合规绩效管理》（C） 【重构 R——创新 I——合规 C】	三、专项化辅导课程（TL） （课程对象为中高层管理者） 1.《团队工作方式》（T） 2.《法律风险应对》（L）
二、通俗化通识课程（ESM） （课程对象为职场各阶层人士） 《情绪与压力管理》 【情绪 E——压力 S——管理 M】	四、规范化咨询课程（TOLE） （课程对象为专业管理人员） 1.《团队绩效管理》（T） 2.《运营绩效管理》（O） 3.《LEP 绩效管理》（L） 4.《ERM 绩效管理》（E）

说明：标准化指导课程是用于指导客户改进绩效，为市场主推的商业课程；

专项化辅导课程是用于满足客户深层需求，供客户自由选择的课程；

规范化咨询课程是用于帮助客户构建管理系统，展开微咨询的课程；

通俗化通识课程是用于开展活动或满足客户一般需要而设计的课程。